从1到N

Digital @ Scale
The Playbook You Need to Transform Your Company

企业数字化生存指南

【德】尤尔根·梅菲特（Jürgen Meffert） 沙 莎 著

上海交通大学出版社
SHANGHAI JIAO TONG UNIVERSITY PRESS

内容提要

　　随着新技术的发展成熟，所有的行业都会受到数字化的冲击，区别仅是程度和时间而已。在一个商业世界的两极，企业家都面临同样的挑战和成长焦虑：自身的商业模式、科技人才和数字资产会被边缘化吗？如何能更快地运用机器学习和人工智能来完善决策、实现价值？如何能更好地形成敏捷文化和新型价值观？

　　本书围绕着"为什么，做什么，怎么做"这三个大问题，由表及里，层层递进，从方法论和组织的人才和文化构建了传统企业数字化转型的实操框架。

　　本书可供企业管理者参考、阅读。

图书在版编目（CIP）数据

从 1 到 N：企业数字化生存指南 /（德）尤尔根·梅菲特
（Jürgen Meffert），沙莎著 . —上海：上海交通大学出版
社，2018（2022 重印）
ISBN 978-7-313-19130-4

Ⅰ . ①从…　Ⅱ . ①尤…　②沙…　Ⅲ . ①企业管理 – 数
字化 – 指南　Ⅳ . ① F272.7-39

中国版本图书馆 CIP 数据核字 (2018) 第 047157 号

从 1 到 N：企业数字化生存指南

著　　者：	[德]尤尔根·梅菲特（Jürgen Meffert）		
	沙　莎		
出版发行：	上海交通大学出版社	地　　址：	上海市番禺路951号
邮政编码：	200030	电　　话：	021-64071208
印　　刷：	苏州市越洋印刷有限公司	经　　销：	全国新华书店
开　　本：	710mm×1000mm　1/16	印　　张：	14.5
字　　数：	212千字		
版　　次：	2018年4月第1版	印　　次：	2022年6月第8次印刷
书　　号：	ISBN 978-7-313-19130-4		
定　　价：	68.00元		

自　序

我的客户中，既有领先的传统企业在探索新的全渠道商业模式，开发人工智能平台，也有互联网巨头和独角兽在颠覆既定的商业规则，用科技和客户体验赢得并经营过亿量级的C端客户。随着新技术的发展成熟，所有的行业都会受到数字化的冲击，区别仅是程度和时间而已。在一个商业世界的两极，企业家都面临着同样的挑战和成长焦虑：我的商业模式、科技人才和数字资产会被边缘化吗？如何能更快地运用机器学习和人工智能来完善决策、实现价值？如何能更好地形成敏捷文化和新型价值观？

最近七八年来，我有幸深度参与了数家公司的数字化转型实战，看到了一些领先传统企业的勇气和坚持。数字化给这些企业带来了疼痛，也让它们看到了新的地平线。当然，我也看到很多企业的高管们还没有制定完整、系统的数字化蓝图，对于数字化这个词的理解更是流于狭隘。数字化绝不是一个APP或一些模型算法，它也不仅仅是关于技术和IT，它更关乎企业的整体转型——重新定义客户价值主张、增值流程、员工的思维和工作方式，以及崭新的文化理念。

如今，讲述国外领先科技公司及国内互联网巨头成功之道的指导书琳琅满目，但对于传统企业的数字化转型则有些"隔靴搔痒"。因此，为中国实体企业CEO定制一本数字化转型的实用指南，助其完成从1到N的蜕变与重生，就成为我和我的团队编撰这本书的出发点。在德文版原著的基础上，我们做了更新和升级，补充了大量本地案例，希望可以更好地引发本土企业对数字化转型的讨论和有益探索。

我相信，中国传统企业数字化转型的机遇期已经成熟。一是实体经济的价值越来越凸显，线上线下融合在加速。目前，各互联网巨头纷纷发力线下，加快线下布局，这一融合进入了发展的新平衡。这意味着创新驱动将向传统的实体行业倾斜，接下来我们将看到很多变化。

二是成熟企业蕴藏的"沉睡的力量"。海量的数据资产、稳固的客户关系以及传承的情感纽带，都是传统企业的优势所在。如果能以数字化手段加以激发和重塑，有望产生指数级的创新价值。

本书围绕着"为什么，做什么，怎么做"这三个大问题，由表及里，层层递进，从方法论和组织的人才和文化构建了数字化转型的实操框架。如果说前者是武功的招式，那么后者则是必须修炼的内功。前路漫漫，任重而道远——重中之重是 CEO 坚定信念、从上至下持续推进。通用电气公司 CEO 杰夫·伊梅尔特（Jeffrey Immelt）曾经说过："我们不能指望在一夜之后醒来，自己就不再是一家工业企业，而摇身一变成为甲骨文或者微软那样的公司。" CEO 需要设计数字化蓝图，带领大象起舞。这里蕴含的启示是，数字化为企业提供了难得的成长机遇，无须害怕失败，找准自己的赛道，形成新的工作方式，打造新的生态系统，才能适应变革。

本书凝聚了麦肯锡诸多同事的智慧，是我们对实体企业在数字时代如何生存这一重大命题共同思考的成果。首先，我要向我的同事，德文版原著作者尤尔根·梅菲特博士（Jürgen Meffert）致以最真挚的谢意。其次，我还要向不吝贡献时间和专业知识的众多同事表示衷心感谢，他们是王玮、卜览、吴昕、叶海、贺景怡、徐岸汀、王乾源、陈同、宋世研、丁轶群、马乐、揣姝茵、储楠、林琳和王珏。

仅以此书献给在本时代浴血奋战的中国企业家，在数字时代他们选择了先颠覆自我，再超越自我。本书也是数字化麦肯锡的一本日志，是 1926 年成立的著名管理咨询公司自我改造，拓展设计思维，运用大数据、人工智能重塑价值的自省。让我们在学习中迭代精进，不是固守昨日的成功，而被时代所遗忘。

麦肯锡全球资深董事合伙人
数字化麦肯锡亚洲区总裁

目　录

第 **8** 章

**怎么做？数字化转型的重要抓手：
文化和制度 / 177**

附录 / 201

第 1 章

在数字化时代，
企业将浴血重生还是被颠覆被遗忘？

在数字化时代，企业固守传统的业务模式将会面临失败甚至毁灭的风险。数字化转型并不单纯是一个信息技术（IT）问题，也不是简单地应用数字化技术。其终极目标是重新定义客户价值，开拓全新业务模式和颠覆固有的工作方式。哪些新技术在引发指数型变革？是否能建立起新型数字资产？是否可以全面推动数字化转型？这些都是数字化时代 CEO 的核心命题。

1.1　数字化会席卷所有行业
——区别只在于规模和速度

数字化转型旨在利用新技术带来的机遇推动业务增长，这些技术覆盖了从信息技术到金融科技、虚拟现实、无人驾驶、机器人、大数据机器学习以及 3D 打印等。这会影响并重塑企业的整个生态系统，比如员工、客户、供应商和合作伙伴。企业若想成功实现数字化，可以改进当前的业务模式和流程，为业务模式增加新的收入来源，或者以更优异的新业务模式替代原有的模式。如此一来，企业就可以实现新的客户体验，形成新的价值主张，并将组织的效能和效率不断提高到新的水平。因此，数字化会改变组织结构、流程和信息技术，也会改变在这个新世界中生活和工作的人们。

如果有人还幻想着数字化不会影响到自己所在的行业，选择和以前一样继续自得其乐，他们就会遭遇风险。基本上所有行业都会受到影响；唯一的区别仅仅在于受影响的严重程度以及影响到来的时间（见图 1-1）。

各个行业的数字化成熟度

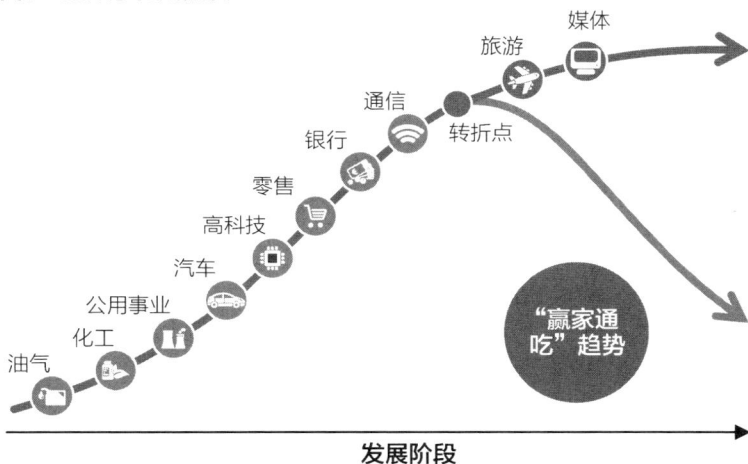

图 1-1　数字化会影响所有行业——区别仅在于影响的速度和规模不同

各行各业的企业都面临着巨大挑战。谁敢说未来的无人驾驶汽车仍将来自福特、宝马、丰田等企业，而不是特斯拉、谷歌和苹果公司？未来几年内，谁将通过家庭智能机器人监测环境数据、交互行为数据，协助家庭全科医生提供健康指导和慢病管理？谁将把智能冰箱在线自动订购的食品饮料送货上门？是海尔、京东还是饿了么？

数字化被多数企业提上了议事日程。许多企业开始在客户沟通、生产、供应商互动等方面推行数字化举措。然而，大多数企业的CEO都承认，他们尚未制定企业全盘的数字化战略。虽然他们转型为数字化企业的愿望看似很美好，但对目标却往往没有明确的界定，对于"数字化"这个概念的理解更是过于狭窄。数字化不仅仅关乎IT和技术，这些只是数字化的基础。实际上，数字化更关乎企业的整体转型——企业需要重新定义客户价值主张、增值流程以及员工的工作方式和全新文化理念。

数字化已经彻底改变了客户的行为和预期，摧毁了传统的业务模式，重新定义了各行各业。数字化还彻底变革了生产过程（比如工业4.0）并动摇了所有行业的基础。零售业要面对亚马逊和阿里巴巴等数字化竞争对手的挑战，银行业要面对盈利能力更强的金融科技细分行业的威胁，亿客行（Expedia）和Priceline等旅游门户网站正在洗牌旅游业，而广告业的传统业务模式则正在被各类数字化渠道攻破。数字化还深刻影响了都市人口的生活方式，比如，随着共享经济的兴起，联合办公、长租共享公寓、网约车、共享单车、O2O服务平台等正在深刻改变年轻人的观念，他们随时随地随性消费、灵活分享，买下和拥有已不再是其唯一的选择。

近些年来客户行为出现了巨大变化

麦肯锡的长期研究报告《数字消费者调查报告》，对全球最重要的市场和细分市场上消费者行为的变化进行了跟踪分析，其中发现中国消费者的行为发生了重大变化。试举几个小例子：

社交电商的新风口。中国消费者一直是社交媒体的爱好者。根据麦肯锡的调查，受访者中经常使用社交媒体的比例在 2017 年已经超过 85%，微信这款最流行的社交应用吸引了超过 9 亿用户。除了联络朋友、玩游戏和阅读新闻，社交媒体还迅速成为重要的购物渠道。麦肯锡的研究显示，社交媒体增加了用户 10% 的购物时间。品牌 B2C 社交电商天然具备了社交元素（如值得依赖的推荐、便于家人朋友分享等），也实现了支付环节的便捷性和安全性，但一些基本能力（如组货、物流、服务）尚有很大提升空间。

全渠道体验在升级。消费者对全渠道基本服务（如线上购买线下取货、线上查询线下店铺存货等）的需求越来越普遍。93% 的受访者在购买消费电子产品时会先在线上研究再到实体店体验。另外，58% 的受访用户表示期待门店的虚拟现实（VR）体验服务，相比 2016 年的 7% 有了大幅提高；49% 的用户表示希望提供在线定制产品的服务；然而只有 12% 和 6% 的受访者曾经体验过 VR 和在线定制。

1.2 既有的市场定义不再适用

与此同时，企业管理者们发现，关于市场的既有定义不再适用，新的挑战无处不在。将之前未联网的设备与在线数据来源构成网络——即物联网——能够打破传统行业的界限。以医疗护理行业为例：仿佛突然之间，高科技公司纷纷利用应用程序和智能硬件（如手环等）涉足这一行业，利用获得的客户数据开发全新的业务模式。以往我们将向企业客户提供产品的企业归入 B2B，而将向最终消费者交付产品的企业归入 B2C，现在连这种传统的分类界限也日渐模糊——转眼之间，我们看到了很多 B2B2C 企业。如今，即使是美国铝业（Alcoa）这样的工业企业，也希望知道最终客户将其生产的铝产品用于何处。

随着数字化的推进，企业自然也需要越来越多地对渠道冲突的情况加以管控。累积的数据需要进行专业的分析，这就要求企业获取新的人才。所有这些因素会导致管理人员承受的压力越来越大。

行业之间的边界地带容易产生创新

商业世界曾经是透明的：每个人都知道它的竞争对手是谁，很少有外来客闯入的情况发生。这种有确定性的感觉已经一去不复返；数字化轻松地打破了行业界限。比如，亚马逊的网络服务 AWS（Amazon Web Service, 亚马逊云服务）目前已成为全球领先的云服务提供商。而微软和 IBM 曾被视为将占据 IT 行业头把交椅的龙头企业，如今却只能排在第二梯队奋起直追——他们从未预见会遭遇这样一个竞争对手。起初，亚马逊也只是希望更好地利用其庞大数据中心的功能而已。与此同时，IT 公司也发现自己陷入了与另一位行业闯入者的缠斗：通用电气的子公司 Predix 所提供的一种云平台，该平台可对工业机器发送的数据进行分析——这也是工业 4.0 应用的重要支柱。

现在即使是传统的机器制造企业也在跨越行业的藩篱。比如，约翰迪尔（John Deere）是农业机械和拖拉机制造业的巨鳄之一，它能提供基于软件和数据的服务。这些服务可结合土壤状况的数据、所用种子的特定属性，以及各种补充信息，对高度细化的天气预报结果进行分析，来为农民提供建议，帮助他们提高产量、节省燃料、缩短维修周期，并确保车队得到最优利用。车辆上安装的传感器可将现场数据发送到约翰迪尔公司的数据中心，农民们可通过 MyJohnDeere.com 网站平台访问相关信息，或通过移动农场管理（Mobile Farm Manager）App 在智能手机或平板电脑上查看这些信息。

化工集团孟山都则从另一角度切入农业领域。2012 年，这家专业种子巨头收购了软硬件生产企业 Precision Planting，后者的产品可帮助农民在播种期间优化播种的深度、距离和条件，从而确保农作物更好地扎根。这家企业的客户群与孟山都核心业务的客户群相同，价值主张也相同——提高农作物的产量——但技术手段则完全不同。孟山都在顺利扩展业务模式的同时，也轻松打破了行业界限。

B2B 与 B2C 之间的界限日益模糊：B2B 演变为 B2B2C

B2B 与 B2C 曾经是泾渭分明的两个领域。对于 C 端消费者，最为重要的是简单明了：要让消费者轻松地做出选择。而相反，B 端企业客户则希望了解细节，要求获得事实和依据。

但是现在，数字化让这个差异不复存在。一旦企业客户感受到能够和个人消费者一样非常简便地向亚马逊或谷歌提交订单，产品搜索非常简单、送货非常迅速，这些企业自然会将这种期望转移到 B2B 细分市场。为什么订购机器零配件要比从亚马逊订购图书复杂得多？为什么送货需要几个星期而不是一天？为什么说明书都是技术术语，让人难以理解？为什么供应商网站的搜索功能如此不好用？为什么供应商没有对投诉立即予以响应？

而且，不仅仅是 B2B 细分市场的客户关系越来越多地反映出消费者的需求，随着数字化的推广，许多 B2B 提供商也纷纷扩展业务模式，同时关注终端用户的需求，形成了 B2B2C。以 Craftzilla 为例：这家印度的电子商务平台将小规模家庭装修材料生产商和装修商连接起来，而此前这些小商户的产品是通过专业零售商直接向终端客户出售的。Craftzilla 没有任何存货——该公司将卖方与客户连接起来，按照在其网站上达成的销售金额收取佣金。

健身手环生产商 Fitbit 采取的 B2B2C 理念是帮助 BP（British Petroleum，英国石油）和 Adobe 等企业制订企业健身计划，旨在促进员工的身心健康：合同的对方是企业——也就是 B2B——而员工是消费者——从而构成 B2B2C。松下与安联也通过相同的方式进行协作，以保障住户的安全。松下在客户的家中安装监视与控制系统，如家中发生严重事故，安联的子公司安联全球救援（Allianz Global Assistance）就能够收到警报，以便调派应急救援服务。

管控渠道冲突

数字化正在彻底改变联络客户的方式，而这种变革不仅仅局限于终端消费者细分市场。新的规则往往基于 B2C 模式，但也适用于 B2B 模式。比如，德国的供热系统制造商以前主要通过安装公司来推销自己的产品。布鲁德斯（Buderus）、菲斯曼（Viessmann）、威能（Vaillant）、沃乐夫（Wolf）和荣克士（Junkers）等公司都有各自的供热安装公司，

这些安装公司为他们带来了客户。然而，总部位于柏林的初创企业
Thermondo 通过统一的平台，把各种分散的服务与安装团队联结起来，
从而颠覆了这一模式，通过这个平台，该公司为德国各地的客户提供
供热系统。这个门户平台建立于 2012 年，到 2015 年，该公司的年增
长率高达 864%。客户可通过该门户平台搜索和选择各种品牌，还能够
获得包含安装在内的定制报价。Thermondo 公司甚至还提供融资方面的
建议。

　　生产商和销售人员目前面临一个同样的问题：原有的业务模式正
面临威胁。如今需要开发一种机制，对供热系统制造商、安装公司、
Thermondo，以及其他参与企业在新的生态系统中如何开展协作进行管
理。这意味着需要进行全渠道管理 (见图 1-2)。

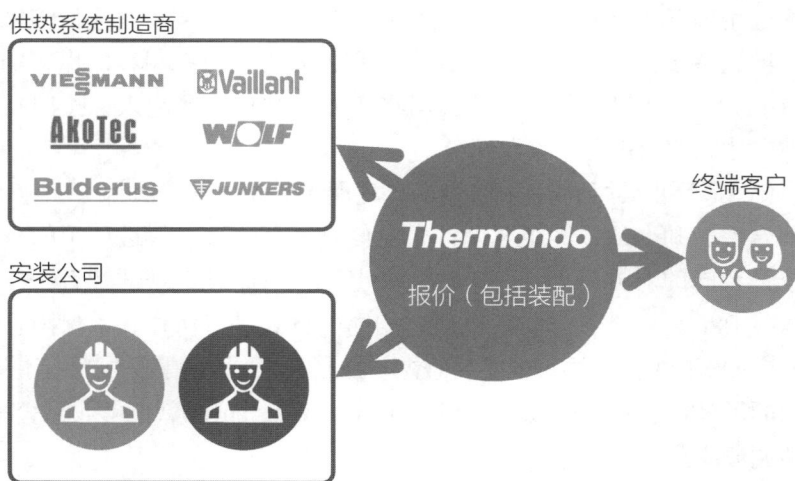

资料来源：公司网站

图 1-2　Thermondo 通过向客户提供端对端的装配服务，正在颠覆整个供热行业

软件和分析能力变得越来越重要

"数据是未来的石油"这个说法如今十分流行。数据是实施任何数字化举措的原材料。麦肯锡的一份研究报告指出，2015年，与传统的货物贸易相比，国际数据流量对全球经济增长的贡献更大。通过智能分析技术，企业能够将获取的海量数据转换为大量的现金收益。

因此，亚马逊和Overstock等线上零售商利用动态定价系统，对其产品系列中数以百万计的商品的价格进行有针对性的二次调整。为此，这些企业不断检索有关竞争对手的价格信息，并结合当前促销活动的相关数据对这些信息进行处理。通过时间序列和大数据分析，这些企业每小时都在重新计算其全部商品的需求曲线。

数字化时代的人才竞争

尽管数字化带来了不计其数的机会，但对于采用传统组织结构、生产与销售严格分工的大型企业而言，要把握这种机会还很困难。由于企业现有的数字化人才不足，因此它们不得不通过人才市场获取新的产品经理、软件工程师、大数据专家这样的稀有人才，而这还只是问题的一个方面。即便这些企业拥有了这样的人才，他们也难以通过一个单独的部门取得很大成效。比如，管理层认识到传统的部门思维难以取得成效，需要跨职能团队管控各个项目。如果想要赢得数字化人才的争夺战，就必须从此处着眼。这对传统企业而言尤其困难。

1.3　新技术推动变革速度呈指数级增长

企业实现数字化转型面临的又一个障碍是人性深层的弱点：我们习惯于线性思维，而高度颠覆性的变革会让我们惶恐不安。未来学家兼谷歌工程总监雷·库兹韦尔（Ray Kurzweil）指出，出于人性的弱点，我们总是习惯于按照对数函数将指数函数平滑处理成线性曲线。然而，人们在理解数字化所带来的变化时，这种弱点就会极为致命。

雷·库兹韦尔在《加速回报定律》（The Law of Accelerating Returns）一文中着重指出，在整个人类的历史中，对技术的进步呈现的指数发展趋势，可以用线性曲线准确地描绘出来，而用对数曲线描绘此趋势就会显得扭曲。他的猜想是，人类的潜意识倾向于使用这种扭曲的观念，因此难以做出更准确的判断，从而大大低估了未来发展的速度和程度。他预测，人类在 21 世纪的进步会非常迅速，因为我们目前处于指数曲线的加速上升阶段（见图 1-3）。

重大事件时间间隔

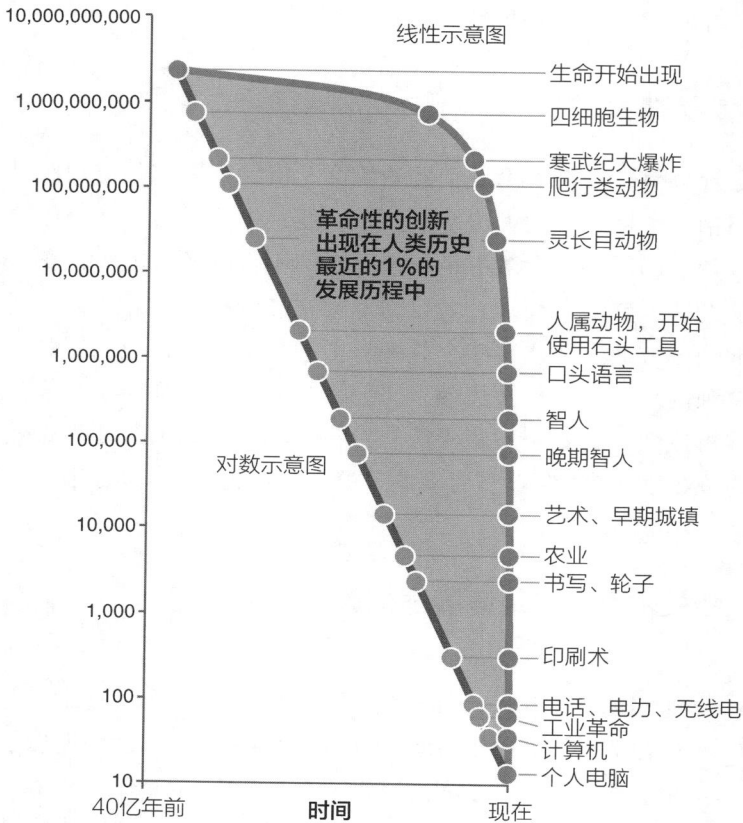

资料来源：雷·库兹韦尔

图 1-3　雷·库兹韦尔在《加速回报定律》一文中描述了技术进步的指数级增长趋势

在一次访谈中，他对指数级增长的根本趋势做出了这样的解释："如果我直线走 30 步——一、二、三、四、五——我会一直走到 30。如果我以指数速度走 30 步——二、四、八、十六——我会走到十亿。"这种逻辑非常神奇，没有人会拒绝——然而这也令人难以置信，因为人的思维会设置障碍。"如今，人们都希望技术进步会持续地线性发展，但未来技术进步的幅度会非常之巨大，恐怕会远比很多观察家指出的趋势更令人震惊。"库兹韦尔指出，"很少有人能够理解，变革步伐速度的进一步加快将意味着什么。"

技术进步与摩尔定律

可以举两个例子来印证库兹韦尔关于技术进步的对数发展理论。其中最著名的就是摩尔定律。戈登·摩尔是英特尔公司的创始人之一，他于 1965 年在《电子学》杂志上发表了这一理论。他指出，集成电路中电路组件的数量每年将增加 1 倍，而且预测该趋势将一直持续。直至目前，事实都已证明他的预测是正确的——芯片的处理能力每年提高 1 倍，芯片的尺寸也越来越小。与美国国家航空航天局开展阿波罗登月计划时使用的控制计算机相比，如今一部普通的智能手机的处理能力是其 120 倍，同时也是 IBM 在 1998 年所推出大型主机的处理能力的 4 倍——当时这种主机的尺寸和冰箱一样大。要是在 1994 年，如今的一部 iPad 2 会是当时全球处理速度最快的超级计算机之一。

可进一步印证库兹韦尔理论的一个事实是，如今新技术得到应用的速度越来越快。在无线电发明之后，经过 38 年，全球才有 5 000 万台收音机投入使用。5 000 万台电视机走入家庭只用了 13 年。互联网仅在 3 年后就拥有了海量用户。脸书 (Facebook) 获得 5 000 万用户只用了 1 年，而推特 (Twitter) 只用了 9 个月。2016 年，精灵宝可梦（PokéMon Go）成为全球热门游戏，也创下了用户增长的新纪录：在短短 19 天内就有 5 000 万台智能手机下载了该款游戏。新型产品与服务的开发和推广速度是前所未有的。全球各地的企业管理人员仍在绞尽脑汁应对如此迅速的变革（见图 1-4）。

用户数首次达到 5 000 万所需的年数

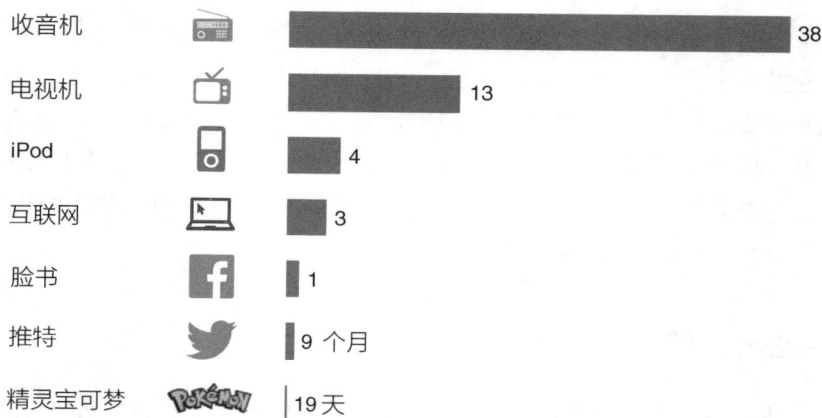

收音机		38
电视机		13
iPod		4
互联网		3
脸书		1
推特		9 个月
精灵宝可梦		19 天

资料来源：公司报告、麦肯锡全球研究院

图 1-4　新技术的推广速度越来越快

《数字时代的中国：打造具有全球竞争力的新经济》

　　中国对于关键数字技术的风险投资已经位居世界前三。毋庸置疑，未来这将对中国企业的数字化转型产生重大的、指数级的影响。未来的格局是否将加剧强者愈强、两极分化的格局？既然中国这个巨大而年轻的市场将助力实现创新的大规模商业化，那么源自中国的创新——无论是传统企业数字化变革还是互联网企业的爆发式成长——是否会更广泛地影响到整个世界？未来十年，我们拭目以待（见图 1-5）。

■ 中国 ■ 其他国家

对领先技术的风险投资，2016[1]
百万美元

金融科技		虚拟现实		自动驾驶	
中国	7,158	美国	1,437	美国	582
美国	5,437	中国	1,312	中国	357
英国	1,793	日本	166	日本	268
德国	668	英国	73	澳大利亚	264
日本	493	法国	20	英国	142
可穿戴设备		**教育技术**		**机器人与无人机**	
美国	1,724	美国	1,282	美国	728
中国	992	中国	681	中国	227
德国	170	日本	217	日本	129
加拿大	134	英国	163	新加坡	96
英国	95	印度	145	加拿大	59
3D打印		**大数据**		**人工智能与机器学习**	
美国	602	美国	6,065	美国	3,782
中国	221	英国	1,673	英国	1,222
德国	182	中国	942	中国	900
日本	181	新加坡	651	日本	473
俄罗斯	181	俄罗斯	554	澳大利亚	329

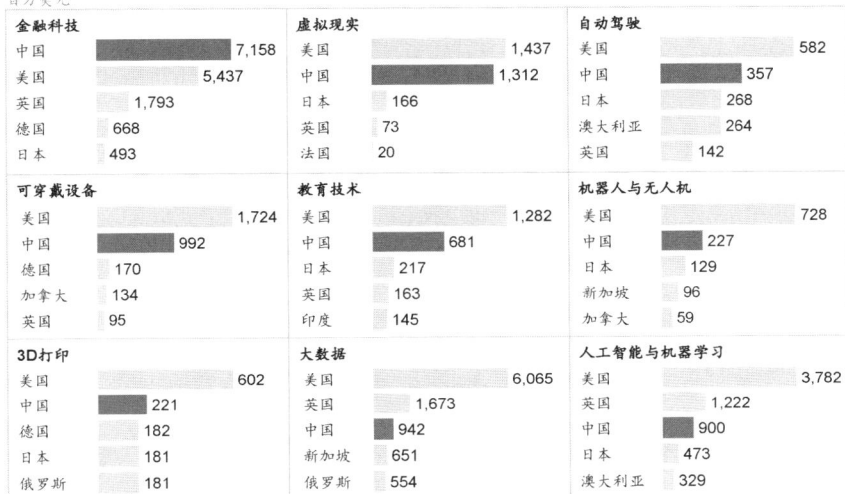

1 根据交易投资者的所在地区分，并同投资交易计入各个国家。对细分各种技术的初创企业的投资都计入各项技术。
注：不按比例。
资料来源：PitchBook；麦肯锡全球研究院分析。

图 1-5　中国对于关键数字技术的风险投资已经位居世界前三

企业管理者自测：我们现在处于哪个发展阶段？

· 我的行业目前处于什么阶段？数字化程度如何？
· 我的客户或终端消费者在发生哪些渐变或巨变？
· 在我的业务模式中，最薄弱、最容易被颠覆的环节是什么？
· 是否有新技术在推动指数型变革？我将如何应对？
· 哪种数字化投资对我所在的行业创造了最大的价值？
· 我需要实施哪些变革才能维持生存？是短期速赢、还是长期通盘的改变？
· 我在哪些方面需要寻求合作伙伴或进行兼并收购？创新培育将在内部还是外部？

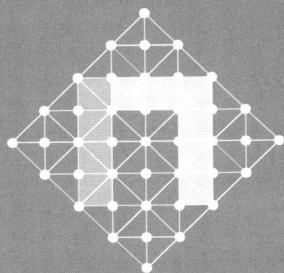

第 2 章

企业数字化生存指南：
为什么？做什么？怎么做？

成功启动数字化转型需要的不仅仅是 CEO 的心血来潮、灵光一现，这是一个艰难的、长期的变革过程。通用电气公司 CEO 杰夫·伊梅尔特曾经说过："我们不能指望在一夜之后醒来，自己就不再是一家工业企业；而摇身一变成为甲骨文或者微软那样的公司。" 从产生需要采取变革行动的认知、确定变革要求、识别最大障碍和最大优势，直至制定目标，CEO 需要设计数字化蓝图，带动大象起舞。

1 00 年前，亨利·福特（Henry Ford）就为我们设定了经营的景象：利用高度专业化的组装线进行生产，明确分工，从而实现大规模化生产（"You can have the Ford Model T in any color as long as it's black""只要福特 T 型车仍是黑色款，你就可以把它涂装成任何颜色"）。泰勒体系完全侧重于专业化和效率，为我们带来了廉价的汽车、洗衣机和假期旅行。

这正是 20 世纪的成功模式，如今却成为企业成功进行数字化转型的障碍。通用汽车（GM）在 20 世纪已经挑战并击败了福特的这种模式。确实，企业建立起来的高效组织架构都害怕变革会带来混乱，因而更倾向于在严格设定的小众细分项目中逐步采用创新技术，使之不至于停止仍然运行良好的企业机器。所有经济学家都懂得 S 曲线的概念。这条曲线指出，技术水平是关于研发资金投入的函数。因此，向更先进技术的转变，也就是跳跃到另一条 S 曲线上，在初期阶段总是会遭遇效率的下降。

不幸的是，不愿跳跃至新的 S 曲线的企业最终会遭遇失败。尽管在新的 S 曲线的下端，效率的提升比较缓慢，但曲线会突然急剧上行，最终突破并远远超越传统技术的水平。搞出一个 App 非常容易，收购一个技术团队也不难，而根本性的数字化转型则要困难得多。首先，我们需要将工业 4.0 这样的热门词汇抛到一边。数字化转型需要回答三个简单的问题：为什么？做什么？怎么做？

2.1 为什么? 根据行业特性, 界定数字化的明确目标

通用电气 CEO 杰夫·伊梅尔特对 2009 年 6 月的一天记忆犹新。这天研发人员来到他的办公室, 给他展示一款浑身是传感器的新型涡轮喷气发动机, 这款发动机能够实时传回任何航班的数据。伊梅尔特注意到了两个问题: 其一, 这种数据实际上可能与涡轮发动机本身一样宝贵; 其二, 通用电气并没有能力利用这些数据, 因为公司缺乏软件方面的专业技术。

自此开始, 伊梅尔特以超人的精力和毅力, 为这家拥有 120 年历史的工业企业引入数字化转型, 并清晰地界定目标: 通用电气必须成为一家全球领先的数字化工业公司。公司不要再去考虑西门子这样的主要竞争对手, 而是要开始重点关注亚马逊或 IBM 这样的公司。

在此期间, 通用电气对数字化经济的各个要素展开了研究。例如, 取消等级制度和官僚机构, 同时重新启动经过实证有效的方法, 如精益生产和流线型开发。同时, 伊梅尔特也招募了数以千计的数字化人才。伊梅尔特指出: "通用电气要成为一个软件公司, 所有部门都要行动起来。除售卖机器设备并提供保养服务外, 针对物联网 (IoT) 整个网络体系的软件将成为通用电气新的业务领域。"现在 Predix 开放式平台可对工业 4.0 流程进行控制, 平台上运行的既有通用电气的 App, 也有其他公司开发的 App。

公司所在行业目前的状况决定了其响应的性质和速度。目前受数字化影响较小的行业, 比如油气行业和化工行业, 通常只需进行较少的职能干预, 就能够应付得来。数字化技术渗透的范围越大, 数字化转型的必要性就越迫切。过了转折点之后, 企业通常只有全面调整了其业务模式才能得以生存。德国施普林格 (Springer) 出版公司就是这样一个明显的案例。2009 年, 施普林格出版集团的 CEO 玛蒂亚斯·德普夫纳 (Mathias Döpfner) 宣布, 未来 10 年内本公司要有一半收入和利润来自数字业务。6 年后, 德普夫纳带领公司提前实现了目标。在 2015 财年, 施普林格出版集团超过六成的营收和 70% 的息税折旧摊销前利润 (EBITDA) 来自数字业务。他是怎样做到的呢?

德普夫纳很早就认识到，报纸业务的收入基础正在崩溃，首先就是汽车、房产和求职方面的分类广告业务。他预计，一方面，数字化改变了客户的阅读习惯，而另一方面，数字化也能够形成具有吸引力的广告媒介，从而进一步侵蚀报纸和杂志集团传统业务模式的基础。尽管该出版社当时的回报率仍然很高，但是在千禧年来临之际，德普夫纳决定开始进行数字化方面的投资。部分投资以收购形式进行，包括目前业务非常火爆的门户网站，比如房地产广告（Immowelt）和求职招聘（StepStone）。

2012 年，施普林格出版社将其旗下《图片报》（Bild）的主编和营销总监派到硅谷蹲点 9 个月，这在德国高管圈内传为笑谈。然而，堂堂《图片报》的掌门人凯·狄克曼（Kai Diekmann）很快就适应了当地的氛围，蓄起了文艺范的大胡子，穿起了连帽卫衣，活脱脱一个地地道道的美国西海岸土著。自此以后，这家出版社的范例成了惯例——一说到数字化转型，施普林格就被推崇为德国业界的先驱之一。从此全球各地的 CEO 们纷纷来到硅谷求经问道，而且往往带着企业的整个高管团队一同前往。

2014 年，德普夫纳出售了旗下众多资产，不仅包括电视指南杂志 Hörzu[这是集团创始人阿克塞尔·施普林格（Axel Springer）赖以发家，继而成为欧洲实力最强大的报业巨头的基础]，还有施普林格集团旗下第一份日报《汉堡晚报》（Hamburger Abendblatt）。当冯克媒体集团（Funke Mediengruppe）接管这些平面媒体产品组合时，这些产品仍然完全能够盈利。为了继续推进自己的宏伟计划，施普林格还成立了自己的数字化公司。虽说德国 CEO 大多西装革履，德普夫纳仍倡导在整个集团内营造数字文化，以确保集团收购和新近成立的公司都保持强烈的创新创业意识，并能推行扁平化组织架构和快速决策。

主要在 B2B 层面经营的行业，其目前的业务模式相对比较稳定，因为决定这些行业经营成败的是其主要资产，比如专利、品牌、客户关系或对市场的了解等。然而，数字化对这些行业的成本定位仍构成了相当大的压力。因此这些企业通常会利用数字化进一步提升效率，对现有业务模式进行有针对性的加法。某跨国石油集团正是采取了这种行动。该公司的采购部门每年都要在全球各大洲签订成千上万的合同，比如钻井设备零部件采购合同、油田服务劳务合同等。但是，由于合同涉及的国家太多，而且存在太多变量，因此对于买方而言，要实现价格透明是绝对不可能的。比如说，页岩油气田钻井成本的变动就非常大。该公司组建了一个数据团队，令其从多方面汇总信息，如公司自身的财务部门、业务部门、竞争对手、投资者陈述文件以及公开报告等。该团队随后利用软件程序对数以百万计的数据项目进行处理，对数据进行调整，并寻找价格的关联度和概率。之后由工程师和买方组成的团队对结果进行分析，并针对钻管设计如何调整、钻探团队组建方式如何调整等问题提出建议。结果，该公司每个钻井节省了70万美元。1 300 个钻井就节约了几乎 1 亿美元，这都要归功于对海量数据、也就是大数据的智能化评估。

2.2　做什么？新生态体系，新业务框架，新技术基础

企业如果希望从目前的模拟时代推进到未来的数字时代，就应该首先明确自身的优势：我与竞争对手相比有何特色？产品或服务采用的是什么技术？客户忠诚度是否很高？品牌的吸引力如何？所有这些优势在数字化时代都非常重要。虽然这些优势的重要性可能有所不同，但能够守住这些优势的企业就会拥有竞争优势。

对于不同的企业，数字化意味着不同的工作内容。我们需要确立架构，制订规划。要回答"做什么"的问题，首先需要确立一个三阶段结构，然后利用这个架构确定战略与运营方面的优先工作。

构建新的生态体系

第一个层面是新的生态系统，这需要战略思维。行业之间的边界地带容易出现创新，这是因为技术上的创新会催生出新的市场。在本书第 3 章中，我们选出了在中国的五个新生态系统，探讨数字化如何起推动作用：智能出行、新零售、金融科技、数字化医疗、智能物流。

所有企业管理者都需要反思这些战略性问题：竞争对手是否正在

利用新技术夺取自己的业务？我们是否把握了数字化带来的机遇，并主动制定新的价值主张？在传统行业之间的交界地带是否出现了新的利润池？对这些问题的回答越是令人忧心忡忡，那么调整当前业务模式和接受自身的收入蚕食（cannibalization）的意愿就会越强烈。这就需要为企业制定新的愿景，确立令人信服的价值主张，顺应变革这股具有颠覆性的力量。

开发新的业务框架

第二个层面是业务框架，要解决运营方面的问题。从根本上讲，如何成为以客户为中心的新型企业，在所有接触点上——传统的和新的接触点——与我们的客户保持接触？如何解决客户痛点，创造价值？

在第 4 章中，我们以客户体验、产品创新为例，探讨数字化正在如何改变企业架构。这其中存在着巨大的挑战：作为进攻者的互联网企业在客户体验方面是最为强大的。凭借简单可靠的流程，这些企业能够实现从第一次接触到完成订单的整个过程的无缝衔接，这让传统企业显得非常落伍。许多新晋企业还能够利用开放式平台促进自身发展，从而加快产品创新的步伐。账单付费、客服支持、数据分析——最出众的进攻者已经实现了整个价值链的数字化。

强化新的技术基础

第三个层面是企业技术基础，要解决技术框架的问题。

在第 5 章中，我们主要从两个方面探讨企业基础方面的挑战：双速 IT 和大数据机器学习。当数字化项目需要全新的技术时，现有的 IT 系统往往无法在一夜之间被替换。因此企业需要新的技术支柱，也就是一个敏捷、快速、独立的 IT 系统。同样，我们也需要一个自动化的、实时的大数据分析引擎。如果企业每天要处理大量的数据，就要首先找到大数据解决方案，从而能够向现有客户提供新的服务。例如，网络医疗模式将验证可靠的通信技术与新的 IT 概念相结合。这种结合已经展现了其潜力。利用大数据技术，可实现治疗路径的个性化，而智能化数据评估可预测诊断结果，从而让医生和患者都受益。

2.3 怎么做? 数字化转型的过程、人才、组织、文化和制度

要回答"怎么做"的问题,需要从全方位的角度来思考。数字化转型不是孤立的某些流程的改变或是局部的组织的调整,而是必须在整个企业的层面,包括流程、人才、组织、文化和制度等方面都做出有计划的、系统性的重大调整。

数字化转型的过程: 全面计划到规模化系统推广

第6章将具体介绍企业的数字化转型端到端的过程和其中重要的指导性原则。数字化转型是一个复杂而长期的过程。首先,从计划开始,需要为企业的数字化转型制定全面的计划;其次,通过切换到数字化运营体系让企业在运作模式上满足数字化的需求;最后,通过规模化的推广,系统、有力、迅速地让数字化的试点向整个企业覆盖。在转型过程中,企业需要秉持一定的原则,这些核心原则可以帮助企业在数字化历程中少走弯路,取得更大的成效。在本章中,我们将回答以下问题:

- 我们是否为整个企业的数字化转型制订了全面的计划?
- 我们如何通过数字化运营体系让业务运营得更快?
- 我们将如何系统、有力、迅速地对数字化转型进行规模化推广?
- 我们如何将客户放在数字化转型的首要位置?
- 我们如何将信息技术及大数据作为转型中强有力的武器?

数字化转型的基础: 数字化人才和敏捷组织

在第7章中,我们将聚焦于数字化转型的成功基础,即数字化人才的规模化培养和敏捷组织的建立。数字化时代对人才的吸引、招聘和管理提出了新的要求,同时数字化本身也能为人才的培养提供高效的支持。敏捷组织既能让数字化人才在企业中发挥更大的潜力和作用,也是企业面对全新的环境和挑战时必须让组织做出的调整。如果说数

字化转型的过程和方法是武功的招式，那么人才和组织则是习武者所必需的内功，内功决定企业沉睡的潜能多大程度上被释放、被实现。在本章中，我们将回答以下问题：

- 我们如何成规模地组建、管理既拥有数字化经验又具备行业洞察力的团队？
- 我们如何利用数字化的方式创造更大的人才价值？
- 为什么数字化转型需要敏捷组织？如何设计并实施敏捷组织释放企业最大潜能？

数字化转型的重要抓手：文化和制度变革

在第 8 章中，我们将讨论数字化转型的重要抓手，即文化和制度变革。数字化转型不是"一锤子买卖"的任务，而是一段长期的征程，企业需要做好"打持久战"的准备。通过变革建立适合数字化企业的文化和制度，是巩固转型成果的关键所在。在本章中，我们将回答以下问题：

- 我们如何通过文化变革巩固数字化转型的成果？如何重塑企业文化？
- OKR 与 KPI：哪个更适合数字化转型企业的考核制度，如何实施？

2.4　成熟企业的优势资产

从哪里开始？首先，从以客户为中心的视角，我们有哪些优势必须转移到数字化环境之中？什么能够保留下来？自行开发的技术或技术专长、客户关系或强势品牌、产品、服务、详细的客户或产品数据？哪个真的比较重要？如果能够将优势转移到数字化环境之中，成熟企业就能维持领先地位。这就要弄清新技术在什么方面能够给公司带来最大的助力，以及如何利用新技术重塑公司。

稳固的客户关系

即便迪士尼也坚持其自身最大的优势——了解游客的真实需求，并有能力满足这种需求——用以构建其数字化的未来。正如迪士尼主题乐园所宣扬的"创造值得珍藏一生的回忆"，迪士尼利用数字技术将游客的整个游玩过程变得尽可能简单愉快，"从第一次接触到美好回忆"，即"从规划行程到主题乐园观光，直到离开迪士尼之后"，全程如此。游客可通过"我的迪士尼体验"（My Disney Experience）网站和 App 规划行程，预订特定景点和餐厅，查阅信息，观光后购买照片等。

迪士尼智能手环（MagicBand）是一种塑胶防水腕带，用其可查看通过"我的迪士尼体验"预订的所有内容。手环可作为进入主题乐园的门票，还可作为迪士尼度假酒店房间的钥匙。手环内存餐厅预订信息，佩戴者可在热门景点享受"快捷通道"特权，而无须排队。同时，迪士尼还通过收集客户行为数据，为游客提供更为精准的定制建议，从而进一步提升客户满意度。

存量数据资产是新的石油

作为全球建筑机械和重型装备行业领导者，卡特彼勒（Caterpillar）和众多其他机械制造商一样，希望利用自身特有的优势——全球客户庞大的在用机械数量——发掘新的收入来源。在 300 万台卡特彼勒在用工程车辆中，就约有 40 万台安装有各种传感器。这些传感器可将大量数据传送到"关键信息管理系统"（VIMS）平台，从而实现基于数据的监控（例如，防止盗窃）、控制（车辆部署规划）、优化（通过监控变速箱和引擎等关键部件避免发生意外故障）等功能。

这其中的关键在于庞大的设备规模产生海量的数据，这也是卡特彼勒的优势所在。卡特彼勒的老款工程车辆甚至其他制造商的车辆也能够安装性价比高的传感器组件。卡特彼勒将软件服务套装（SaaS）租赁给客户，以便客户对车队进行管理，同时提高工作效率。

情感联系

乐高（Lego）的客户往往能够与乐高品牌建立情感的联系，而乐高就利用这种纽带与各个渠道的玩具迷沟通。儿童和成人玩家均可通过乐高创意（Lego Ideas）社区提交积木搭建的新创意。创意社区的其他会员对这些创意进行评价，然后乐高将最受欢迎的创意推向市场。

喜欢喝啤酒的消费者也会与其偏爱的品牌形成情感上的联系。喜力（Heineken）啤酒利用的就是这种情感上的联系，这家公司通过娱乐节目和互动游戏，在 Facebook 上赢得了 2 000 万人点赞，是竞争对手的好几倍。

但是，比乐高和喜力更为成功的是一家拥有 2 000 年历史的机构——天主教会，这个强大的跨国品牌在社交媒体的运用上也非常成功。教宗方济各（Pope Francis）在 Twitter 的粉丝超过 1 000 万，他经常通过推特向全球各地的信众发布圣喻。

企业管理者自测：为什么？管理层自我评价的关键问题

同意程度，1~5分，1非常不同意，5非常同意

		1 2 3 4 5
紧迫感	1 我们是否已经识别出数字化的威胁和潜力？	
	2 我们是否对自身状况进行了坦诚的自我评估？	
	3 我们是否拥有数字化的第一手经验？	
变革类型	4 我们目前的业务在数字化环境中能否生存下去？	
	5 我们是否采取了足够、有针对性的干预措施？	
	6 为了开展数字化变革，我们是否增添了新的人才？	
变革障碍	7 企业所有人、员工和管理人员是否正在遭受极大压力？	
	8 业绩最佳和最为成功的管理人员是否支持变革？	
	9 本公司的组织壁垒是否妨碍了变革的推进？	
相关资产	10 本公司的关键资产有哪些——客户、产品、技术？	
	11 这些资产中有哪些在数字化时代仍然有意义？	
	12 我们如何才能成功将这些资产进行转型，以顺应数字化时代的趋势？	
目标	13 CEO是否以身作则推动变革？	
	14 我们应该制订多高的目标？应该采取多快的行动？	
	15 本公司的员工是否已经做好准备？	

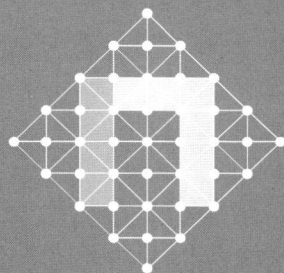

第 3 章

做什么？
选择并部署恰当的智能技术

数字化是一个非常宽泛的概念，但数字化计划需要相应的结构。这就涉及新的生态系统的构建，业务模式的进一步开发，以及基本技能的获取。

如今企业的管理人员在谈论数字化带来的挑战的时候，会遇到各种各样的定义和完全不同的世界观，而有些企业高管在推行业务模式时也会遭遇各种困难。他们无法预知他们所在的市场明天是否还会存在，也担心他们是否会步入柯达破产之覆辙。有些高度侧重于自身业务体系的企业也在设想，IT 如何能够改进供应链，或者帮助他们更好地理解客户。也有些企业在考虑，自身的 IT 系统的能力是否足以处理新的数据流。要制订切实可行的战略，我们需要有共同的语言，有共同的认识，还要有一个获得所有人支持的结构。

为了解决这个问题，我们在本书中引入了三个层次的概念（见表 3-1）。第一个层次关乎我们未来的市场。是否有新的竞争者正在利用创新技术颠覆我们现有的业务模式？这些竞争者是否正在打破曾经无可争议的固定范式？

第二个层次关乎我们的业务模式是否有能力迎接挑战。我们是否把握住了数字化机会，正在从根本上改善客户体验？我们目前采用的数字化和高级分析技术是否足以充分挖掘潜在的效率以提升潜力？

第三个层次关乎基础架构——也就是 IT 技术及组织架构。我们目前采用的技术是否非常先进？我们的企业对于新兴数字化技术人才是否有吸引力？我们是否正在有针对性地建立合作关系？

在通向未来数字化时代的这三个层次之上，企业在每一个层面都会面临各种挑战。说到新的生态系统，这就关乎企业在新兴市场中如何找到自身的定位。这要求企业重新确立业务架构，从而在新的生态系统中成功运作；而新的业务架构要成功运作，就需要建立技术基础、组织架构和企业文化，从而为业务架构的运行创造条件。

表 3-1　做什么？管理层要回答的关键问题

构建新的生态系统	1. 竞争对手是否正在利用新技术攻击本公司的业务模式？	2. 本公司是否正在充分挖掘数字化技术的潜力，从而实现自身的再造？	3. 在传统行业之间的交界地带是否出现了新的利润池？
确立业务架构	4. 我们是否充分把握住了数字化机会，正在从根本上改善客户体验？	5. 我们正在快速进行全新产品的开发，从而足以实现赶超？	6. 我们是否正在充分挖掘数字化与高级分析技术在效率提升方面的潜力？
强化技术基础	7. 我们目前采用的技术和 IT 系统是否非常先进？	8. 我们是否建立了敏捷的扁平组织架构？我们是否提倡企业家思维？	9. 本公司对于新兴数字化技术人才是否有吸引力？我们是否正在有针对性地建立合作关系？

　　管理层在每个层面都会遇到非常重要的问题。在新生态系统这个层面，必须对采用先进技术的竞争对手对本公司业务模式构成的威胁进行评估，同时在另一方面，也必须要对这种新技术所带来的机遇给予考虑。在对业务架构进行评估的时候，本公司必须对自身目前在多大范围内发掘数字化技术在市场营销、技术创新和价值增值方面的潜力进行分析。从技术基础的角度来看，这就要考虑本公司的技术、流程和文化是否能够适应数字化时代的挑战。

新生态系统、业务架构、技术基础

　　行业边界已经是传统经济学的概念，数字化技术的进步已经破除了这种边界。为了满足这种需求，各企业正在涌现各种全新的生态系统。如未来哪些企业将会生产出完全实现网络连接的自动驾驶汽车？未来是否还需要通过银行办理金融交易？这些为我们带来了全新的经济生态系统，而新的生态系统会导致市场份额的重新分配。这是第 3 章的重点内容，我们将在这章中讨论一些最令人兴奋的行业动向。

　　但是，数字化也会改变企业内部的业务架构——会改变企业的营销方式，也会改变价值链的结构。第 4 章主要探讨企业的业务架构需要如何调整。第 5 章从 IT、大数据和安全的角度，探讨数字化对企业运营的技术基础有何新的要求（见表 3-2）。

表 3-2　做什么？新生态系统、业务架构、技术基础

构建新的生态系统	
主题	
互联汽车	数字化零售
数字化医疗	金融科技
数字化物流	

确立业务架构	
客户体验	产品创新

强化技术基础	
双速 IT 架构	大数据与高级分析技术
网络安全	

做什么：构建新的生态系统

最引人瞩目的动向是新的生态系统的构建，对于传统的市场领导者而言，这就相当于是赌上了全部身家。行业边界正在重新划定，以前看重的优势突然变得没那么重要，而预期之外的共生联盟正在逐渐形成。在本章中，我们将对目前已经出现的最有前景的生态系统予以审视。这些生态系统涉及出行与智能建筑、在线零售与数字化公共设施、物流、金融、医疗、媒体以及公共管理。

3.1　数字化出行：随时联网、使用方便的电动汽车，往往还具备自动巡航功能[1]

要说汽车行业会出现根本性的变革，每个人都会同意这样的看法。专家的看法是，未来几年内，汽车行业会像智能手机一样，给我们的日常生活带来巨大的变化。在不久的未来，会出现

1　感谢 Aamer Baig, Gianluca Camplone 和吴昕对本小节的贡献。

31

电动自动驾驶汽车，我们无须购买，而是只在需要时使用；我们还可以在不需要的时候让其他人使用汽车。而这种变革产生的很多问题还尚未得到回答：

（1）这对于如今制造汽车内燃机和传动系统的大量工人来说意味着什么？尤其是，当汽车电动动力总成的制造更为简单，而且不需要传统的传动系统。

（2）在更远的未来，汽车行业价值链会出现什么情况？整个汽车行业价值链和制造流程将实现数字化，生产工厂几乎完全自动化，无须人工干预，可按照订单自动生成汽车，这种未来前景简直无可限量。

（3）售后维修和服务行业将会受到何种影响？与传统汽车相比，电动汽车不需要频繁维护，因此现有的售后维修和服务生态系统不会消失，但需求会大幅减少。

（4）城市化进程结束之时会出现什么情况？如果我们能够在去办公室的路上办公，而不用掌控汽车方向盘，我们是否会更愿意搬回乡下住？未来的公共交通会是什么样子？传统的公共汽车和火车是否会被无人驾驶的迷你巴士所取代？这种迷你巴士能够通过移动应用程序，将预订相同目的地的乘客接上车，然后将他们分别送到家门口。此外，还有其他一些还有待解决的技术问题：比如说，如何解决网络安全风险——不仅仅是数据流失的问题，还有汽车在自动行驶的时候被实际控制所产生的风险。

汽车行业的高层管理人员都欢迎行业变革。福特汽车公司董事长比尔·福特（Bill Ford）早在2014年就表达了对这种变革的担忧，他认为这种业务模式的演进将是"全方位的——从汽车动力总成的类型到汽车保有模式和汽车共享等各个方面"。戴姆勒（Daimler AG）首席执行官迪特·蔡澈（Dieter Zetsche）认为，未来几年汽车行业会出现重塑。麦肯锡进行的一项调查结果显示，88%的管理人员认为，到2030年，现有的部分著名汽车制造商和供应商将会从市场中消失。75%的受访者认为，到那时，谷歌和优步（Uber）等新晋竞争对手将在汽车行业的总体收入中占有相当大的份额。

这种紧迫感正是传统汽车制造企业大力推进数字化技术转型的最基本的前提条件。这种投入是值得的。麦肯锡的一份研究报告指出，全球汽车行业总收入将每年增长 4.4%，到 2030 年，将达到 6.7 万亿美元。尽管在欧洲和北美等成熟市场的传统汽车销售增长停滞不前，但亚洲市场每年增长 7 500 万辆，比 2015 年多 2 800 万辆。除销售收入和客户服务 / 维修收入外，经常性收入也出现了快速增长：客户每年为与汽车相关的所有数字化服务所支付的金额高达 1.5 万亿美元（见图 3-1）。

单位：10亿美元

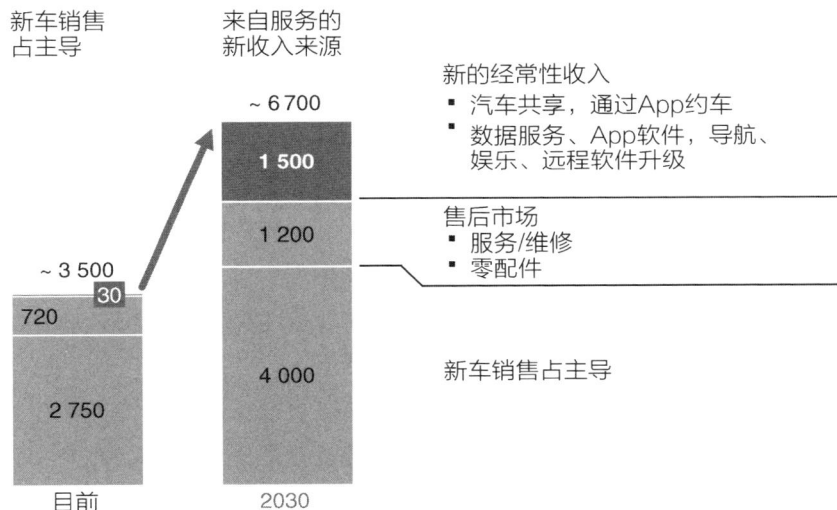

图 3-1　未来与汽车相关的新型服务将成为收入的关键支柱

不仅仅是汽车行业要面对数字化变革。如今使用模拟技术的行业，未来也将所剩无几。根据该项研究报告的预测，到 2030 年，电动汽车的市场份额将从目前的 2% 增加到 65%，其主要驱动因素是对混合动力汽车的需求迅速增加。

汽车制造企业需要围绕电动动力总成构建全新的生态系统。谁将会制造出功率强劲的快速充电电池以满足纯电动汽车的需要？这种电池将在未来汽车行业的增加值中占有很大的比重。由谁提供电动汽车依赖的充电基础设施？特斯拉已经在全美建设了 5 000 多个充电站。跑车制造商们服务于热衷于强劲引擎独特声音的客户，这些企业又将如何应对这种几乎无声的电动汽车？

互联互通将决定汽车行业的命运

现有汽车制造商和众多供应商的命运将取决于在数字化战场上的表现。通过互联互通，汽车就能够不断测算并发送各种数据，这也是消费者看重的功能。2014 年，有 20% 的购车者表示，如果其他品牌有网络连接功能更好的款型，他们会转而购买其他品牌。2015 年，这一比例上升至 37%。尽管注重数据保护的人士预计，消费者可能会担心他们遗留的数字轨迹被泄露，但 76% 的受访司机的看法是，他们对共享自身数据并不担心。

在未来，软件将成为不同车型之间的差异化因素。即使是在现在，不同汽车所使用的控制软件的代码行数也平均高达 1 亿行。到 2030 年，预计代码行数将达到 3 亿行，这也意味着传统汽车制造企业需要提高自身的软件能力。汽车制造商通常仅能利用车载软件的 30% 左右。而特斯拉这样的竞争对手和谷歌这样的新进搅局者能够自行完成软件开发的全部过程。要构建车内应用程序，所有汽车制造商都要面临来自外部开发者所构建生态系统的挑战。

在未来，汽车将实现完全联网，并围绕自身形成一个完整的生态系统，各种车载传感器和微型芯片可直接与互联网连接，为用户提供无缝式体验。要实现这一点，首先就要与买家及其乘客的数字化生态系统充分整合，而这需要与安卓系统和苹果 iOS 系统全面整合。

然后系统合作方在连续数据流量的基础上开发出各种功能。即使是现在，驾驶员辅助系统也能够提供让汽车自动沿着车道行驶或者在紧急情况下自动刹车等功能。在未来，驾驶员或许可以坐在后排座位上，而汽车能够自动行驶。辅助驾驶系统还能够自动寻找附近空闲的停车场地，在车辆被盗的情况下进行车辆定位，预订餐厅席位或者预订酒店房间。车载传感器负责监控车辆内部的机械状况，如在零部件出现磨损和需要保养的情况下，及时通知驾驶员。而保险公司当然也不会浪费这样的机会，各公司会在行驶数据的基础上定制驾驶员的风险系数，这些数据包括行驶里程、平均速度以至辅助驾驶系统的干预次数和刹车模式。之后保险公司会将这些数据作为保险保单的定价基础。

在未来，驾驶员不再需要通过触摸屏，而是通过语音指令即可访问数字化服务。而且车内的数字化辅助系统也将与家居数字化辅助系统相连接。比如说，在早上泡澡的时候，你就可以通过苹果的 Siri 或者亚马逊的 Alexa 发出指令，预订下午在最喜欢的意大利餐厅就餐的座位，而你可以乘坐自动驾驶汽车准时到达就餐地点，因为车载系统已经知道你想要去的目的地。这些功能如今大多已经能够在技术上实现，但是不少问题还有待解决，比如在没有互联网连接的地方如何处理，以及如何解决数据存储方面的问题（见表 3-3）。

表 3-3　目前仍然存在的一些障碍：车载技术

车辆内置传感器	软件平台
· 如何利用传感器提高车内人员的安全？ · 如何实现传感器数据格式的标准化？	· 如何提供安全和方便的软件更新功能？ · 我们如何才能让消费者愿意为软件功能的更新买单？
环境传感器	互联互通
· 驾驶员如何保持对周围环境和车内人员的必要能见度？应该采取哪些限制措施？	· 在没有 Wi-Fi 的地方，我们如何确保系统功能的正常运行？ · 哪些数据将发送到云计算平台？哪些数据将保留在车内？
高性能计算机	车载数据的存储
· 如何确保高性能计算的安全性和可靠性？ · 哪些任务更适合在车内而不是在云平台之上完成？ · 我们如何确保车载计算机的安全性？	· 哪些数据需要连续存储？如何避免数据流失和数据失窃？ · 谁拥有访问车载数据的权限（警察、保险公司等）？
重新设计人机界面（HMI）	地址定位 / 导航
· 如何重新创建人机界面？ · Siri、Alexa 或者增强现实界面对车辆的控制有何影响？ · 是否会出现新的标准？	· 我们需要多少个数据点才能够实现动态交通管理？

　　在数据互联互通方面，卡车制造商取得的进步最大。许多商用车辆已经在不同程度上实现了与实际情境相连接，从而能够实时监控自身的位置和速度。最近的一项研究结果表明，互联互通将成为开发新的业务模式的关键出发点。比如说，对于卡车制造商而言，可能采取将载重量作为服务的形式，或者灵活提供运输功能，以及对车队直接进行管理。即使是现在，也有 49% 的业内决策者认为，这种业务模式

比车辆销售的吸引力要大得多。

对于汽车行业而言，联网驾驶有一个方面尤其具有吸引力：那就是自动驾驶汽车。摩根士丹利编制的一份研究报告指出，在未来几年，仅就美国而言，自动驾驶汽车每年将节省1.3万亿美元的经济成本，其中包括生产效率提高带来的收益6 450亿美元，事故减少带来的收益4 880亿美元，以及燃料节省带来的收益1 690亿美元。在这方面，卡车行业再次领先。麦肯锡编制的一份研究报告预计，最早到2025年，在欧洲出售的商用车辆有三分之一能够在特定情况下实现完全自动驾驶，尤其是在高速公路上。这将推动成本的下降：目前，就载重车辆而言，驾驶员在运营成本中的占比高达30%~40%。自动驾驶功能可将运营成本削减一半，同时还能够减少车辆故障，提高使用效率。

优步正在进行自动驾驶车辆的试验。其最初出发点还是在于成本。如果优步能够成功部署无人驾驶汽车，那么成本就会减少30%。目前，该公司仍然能够创造就业机会：2015年，优步的驾驶员网络新增加了约120万人。

但自动驾驶汽车肯定会对就业市场产生巨大的影响。在未来几年内，仅在美国中西部地区，与运输、物流和分销相关的数以百万计的就业岗位将面临威胁。这就需要与制定公共政策的部门深入沟通与协作，确保在实现自动化产生的效益的同时，对受到自动化趋势影响的人群进行就业再培训。

开发出安全的自动驾驶系统是汽车行业最具有远见的项目。首先，自动驾驶系统必须建立在精确的导航和地图服务的基础之上。为了应对谷歌等新兴竞争对手，德国汽车制造商戴姆勒、宝马和奥迪以28亿欧元的代价联合收购了诺基亚的Here地图服务，以避免在自动驾驶领域丢城失地。汽车在自动驾驶时，行驶过程中测得的数据和坐标不断与地图数据进行核对，这就要求地图的精确度要达到厘米级。一个典型的例子是通过读取监控汽车与路边的距离。这就意味着地图的精确度要达到"自动驾驶级别"。而谷歌地图尚未达到这一级别。诺基亚旗下的Here地图曾经在全球市场的份额高达80%，年收入约30亿欧元。在改换门庭之后，Here地图仍将为整个汽车行业提供服务。

客户与供应商之间传统的直线关系正在消失，Here地图服务就是很好的例子。Here 地图为汽车行业提供服务，反过来汽车制造商生产的汽车在行驶过程中随时产生大量的数据，并可将这些数据出售给 Here 地图，而 Here 地图又利用这些数据改进自己的产品。

戴姆勒的数字化转型

如果未来汽车款型的区别取决于其数字功能，就像现在汽车的款项差异在于发动机性能或舒适性一样，那么汽车公司就能够从硅谷学到很多东西。

例如，戴姆勒实施了集群式组织重构。员工针对具体项目组成跨部门集群，自主开展工作，彼此关联，但并无等级差异。戴姆勒首席执行官蔡澈希望参与集群式项目组织的员工超过 5 万人，占全部员工数量的 20% 左右。一切工作围绕未来出行方式展开，戴姆勒将这种模式称为 CASE 模式：即"联结"（connected）、"自动"（autonomous）、"共享"（shared）和"电动"（electric）的综合。

丰田公司最近宣布从汽车生产商向出行服务平台转型的计划，为了实现这一转型，丰田专门成立了 Connected Company。丰田推出的首个出行服务产品名为 Getaround，可提供点对点（p2p）汽车共享功能，自 2017 年上半年以来，已在旧金山进行了多次测试。丰田的智能钥匙盒子（Smart Key Box）和匹配的软件可将丰田汽车（包括之前的车型）形成一个互联互通的汽车租赁网络，用户可通过智能手机租车，通过数字钥匙即可启动汽车。丰田的中期目标非常雄心勃勃：希望建立自己的数字化运营系统，通过数字化运营系统控制整个出行生态系统，从而能够获得尽可能多的附加值。

但是，一个自己打造的 DIY 解决方案并不是唯一的可行战略：菲亚特（FIAT）等汽车厂商采用的路径恰恰相反。由于这些汽车厂商的研发预算有限，它们与谷歌等软件巨头开展合作，以顺应互联互通与自动驾驶的汽车行业大趋势。目前，传统的汽车零部件供应商大多不再是提供单个零部件，而是提供整个系统，这些供应商也纷纷在将自身产品延伸到整个软件控制模块。例如，德国大陆集团（Continental）不再单纯提供轮胎，而是提供整个底盘和驱动组件。大陆集团还围绕联网汽车开发各种产品，比如 eHorizon 可提供具有预见性的车辆系统控制功能。该系统利用车载传感器捕捉位置数据，并将这些数据发送至云平台。比如，车载计算机能够利用位置数据预测前方路况，并在进入陡坡路段之前及时将发动机和传动系统调整到最佳状态。

再比如，为了应对电动汽车的兴起对汽车传动系统带来的威胁，德国汽车零部件制造商采埃孚（ZF Friedrichshafen）已经启动了业务多元化战略转型。这家传统汽车零部件制造商目前出售整体底盘和动力总成组件、驾驶员辅助系统以及刹车和转向系统。该公司同时也正在研发电动动力总成和自动驾驶解决方案。

如此一来，汽车零部件供应商就承担了本应由汽车厂商进行的很多研发工作。这就有可能涌现出对组件进行组装，然后将其核心功能与终端客户相连接的新型汽车制造商。

出行行业正在发生跨时代的巨变。数字化正在颠覆原有的力量平衡。但是，汽车厂商的立足点仍然稳固。汽车厂商拥有品牌，拥有客户基础，同时拥有市场营销和服务方面的基础设施。只要这些企业将硅谷的企业家精神注入自身的业务之中，同时开展智能化组织协助，它们在未来的竞争中就有很大的胜算。

车联网在中国将蓬勃发展

中国无疑拥有成为全球最大车联网市场的必要先决条件，主要包括：良好的基础设施，如 4G/5G 移动通信网络，北斗卫星导航系统等；众多实力强劲且对车联网市场野心勃勃的互联网行业全球领军企业，如阿里巴巴、腾讯、百度、华为等；以及来自中国政府的强有力支持。例如，中国发改委在最新发布的《智能汽车创新发展战略（征求意见稿）》中，明确提出智能汽车新车占比在 2020 年达到 50%，在 2025 年达到 100%。

中国消费者对车联网技术的友善态度会是另一个积极因素。麦肯锡互联与自动驾驶消费者调查和汽车数据变现调查显示，相比于美国和德国，中国消费者更乐意分享数据并为节约时间而付费。93% 的中国用户愿意与汽车制造商分享位置信息，而该比例在德国和美国分别是 65% 和

汽车数据变现调查

72%。当被问及"如果只有一家车企能够提供应用程序数据与媒体服务，您是否会转向该车企购买新车"，60%的中国受访消费者表示会转向这家车企，而在德国和美国的受访者中，这个比例只有20%和33%。

我们欣喜地看到，汽车互联应用场景已在中国逐渐形成。中国车企与互联网企业加深合作，开发出多样化的应用场景，并已推向市场。例如，上汽集团与阿里巴巴在车联网方面进行深度合作，并成立的合资公司"斑马智行"。基于双方打通的数据通道，车联网的应用场景已经在多款量产荣威/MG汽车中推向消费者，如根据位置信息的零售、停车服务、车辆车况自检和保养预约、定向广告及促销、人工智能联网语音客服等。

3.2 "新零售"：通过技术/数据赋能，利用生态体系合作，重塑消费者客户体验[1]

中国消费者和消费品公司拥抱电商多年之后，一个新的零售时代悄然来临。阿里巴巴2016率先提出"新零售"，之后"智慧零售""无界零售""新商业""智慧商业"等概念纷纷被提出。传统零售商竞相发力全渠道，消费品牌的社交和内容营销层出不穷，都令中国消费者憧憬一个拥有更美好的客户体验的时代。

中国电商持续爆发式增长，但需要新常态满足消费者更高阶的需求

长期以来，中国的传统零售业以线下多级分销为主，价值链效率低、消费者体验差。数字化技术（互联网、移动互联网、智能手机、移动支付、二维码等）的突破与普及，促成中国电商持续爆发式增长。目前，中国电商市场在全球一马当先，其规模约为紧随其后的六大电商市场的总和。

在持续6年的快速增长后，尽管中国消费者的互联网、手机和社交媒体参与度仍在不断提高，但中国电子商务总交易量增长放缓——

---

1 感谢卜览对本小节的贡献。

从 2011 年 74% 的增速下降至 2017 年 19% 的预计值（见图 3-2）。

网络零售[1] 交易额
2017E，美元

2016-2018E CAGR[2] % ‖ 占总零售比例[3]%

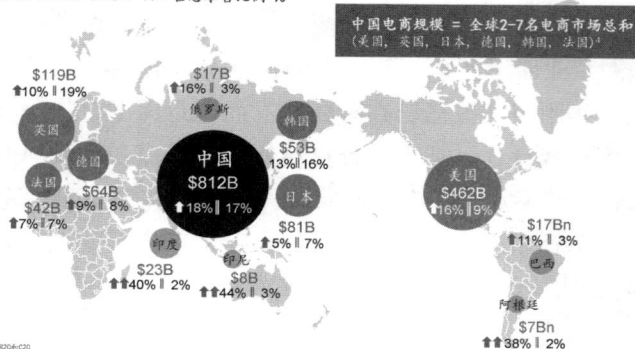

中国电商规模 ＝ 全球2-7名电商市场总和
（美国，英国，日本，德国，韩国，法国）[4]

$119B
↑10% ‖ 19%
英国

$17B
↑16% ‖ 3%
俄罗斯

韩国
$53B
13%‖16%

德国
$64B
↑9% ‖ 8%
法国
$42B
↑7%‖7%

中国
$812B
↑18% ‖ 17%

日本
$81B
↑5% ‖ 7%

美国
$462B
↑16%‖9%

$17Bn
↑11% ‖ 3%
巴西

印度
$23B
↑40% ‖ 2%

印尼
$8B
↑44% ‖ 3%

阿根廷
$7Bn
↑38% ‖ 2%

1 网上零售+C2C
2 年均复合增长率
3 网络零售商品总体零售比例（全品类）
4 除中国外的其他6个顶级零售市场之和：美国、英国、日本、德国、韩国和法国，总体网络零售量之和：8200亿美元。
资料来源：中国数据来自艾瑞咨询，其他国家数据来自eMarketer

网络购物市场增速
%

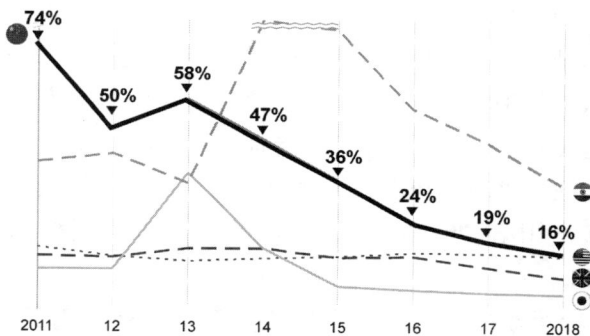

74%
50%
58%
47%
36%
24%
19%
16%

2011   12   13   14   15   16   17   2018

资料来源：中国数据来自艾瑞咨询，其他国家数据来自eMarketer

图 3-2 中国电商市场规模为全球第 2~7 名电商市场的总和，但总交易量增速放缓

　　"三级跳"之后的中国电商市场，人口红利已经消失，纯线上零售平台的流量已触顶。2010 年至 2015 年间，各品牌纷纷进驻京东、天猫等 B2C 电商平台，平台的流量日趋饱和，竞争日趋激烈。虽然各大品牌都已采用新的营销手段（如社交、内容）加强与消费者的互动，并利用电商平台和社交平台的数据提高对消费者行为的了解度和广告投放的精准度，但尚未形成整体制胜的秘诀（见图 3-3）。

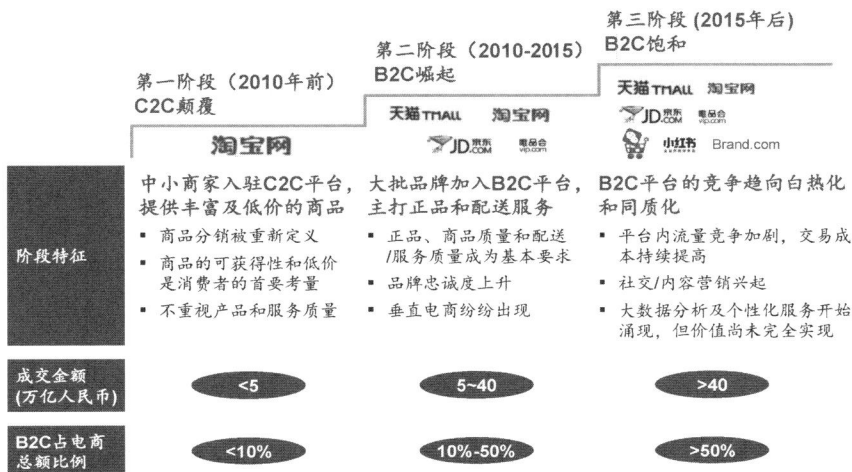

图 3-3 中国电商市场的"三级跳"

纯电商分阶段解决了中国传统零售中的部分痛点，尤其是商品的可获得性、信息的透明度、价格的逐步合理化、物流配送、退换货及售后服务等基本的零售需求。

随着电商的发展，以及中国消费者的国际化程度越来越高，中国消费者的要求也上升到更高级的体验性需求。尤其是"90后"消费者，消费信心更强，属于"数字化原住民"，对于商品和服务的品质与个性化需求也更高。中国零售业的从业者，必须充分认识到新的消费者趋势，从而开展相关布局和举措。

"新零售"下的中国消费者，对用户体验的需求继续升级

我们发现"后电商时代"的中国消费者具有六大行为趋势：全渠道融合成新标准、门店体验便利两极化、零售与生活场景融合、商品随时随地可获取、产品个性化和服务化、信息质量和针对性高。以下将对这六个趋势进行详细阐述。

趋势一：全渠道融合成新标准

全渠道融合的购物决策，已是中国消费者的常态。今天，通过智能手机"随时在线"的消费者早已获得了信息主权，他们有更多的渠道，

41

可以更方便地了解产品和服务。大多数中国消费者已经习惯了在决定购买之前对多个渠道进行考察，往往还会在购买的过程中转换销售渠道。

麦肯锡在 2017 年进行的中国数字消费者 (iConsumer) 调查结果显示，对于大部分品类而言，85% 以上的消费者的购买决策全程跨线上和线下（其实今天没有什么是不在线的，我们暂且将实体零售按惯例叫做线下渠道），而这一数字在 2016 年为 73%。对于消费电子产品而言，有 93% 的消费者跨线上线下进行购买决策 (见图 3-4)。

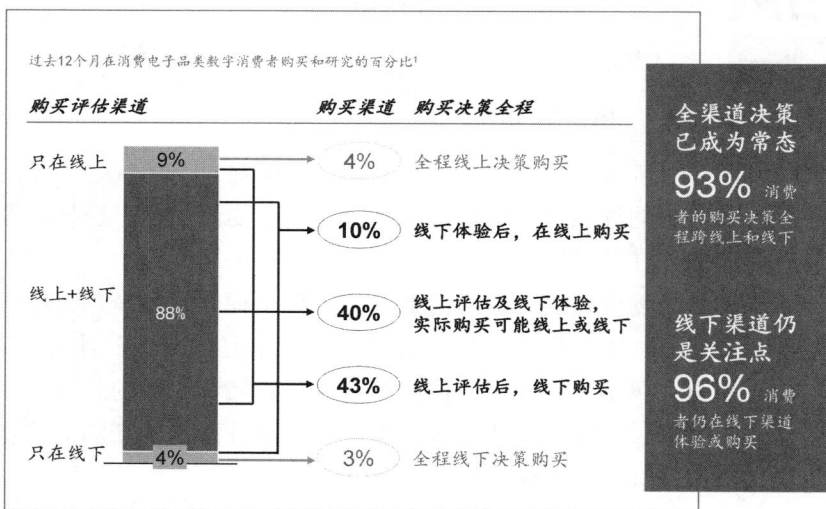

《麦肯锡 2017 中国数字消费者研究：重新定义新零售时代的客户体验》

过去12个月在消费电子品类数字消费者购买和研究的百分比[1]

购买评估渠道		购买渠道	购买决策全程
只在线上	9%	4%	全程线上决策购买
线上+线下	88%	10%	线下体验后，在线上购买
		40%	线上评估及线下体验，实际购买可能线上或线下
		43%	线上评估后，线下购买
只在线下	4%	3%	全程线下决策购买

全渠道决策已成为常态
93% 消费者的购买决策全程跨线上和线下

线下渠道仍是关注点
96% 消费者仍在线下渠道体验或购买

资料来源：麦肯锡2017中国数字消费者研究

图 3-4　2017 年消费电子产品的评估和购买渠道

全渠道融合的购物体验，也正在成为中国消费者的新常态。麦肯锡的 2017 年中国数字消费者 (iConsumer) 调查结果显示，相比 2016 年，越来越多的中国消费者正在追求全渠道融合的购物体验 (见图 3-5)。

消费者可能将实体门店作为商品展示的地方，而更愿意通过网络订购商品。在门店内逛的时候，他们可能会查看他们想买的商品线上是否有货；在线下购买之前，他们可能会利用智能手机查看网上对某个商品的点评、提醒以及批评。

线上购物者的百分比，数量 = 2,350

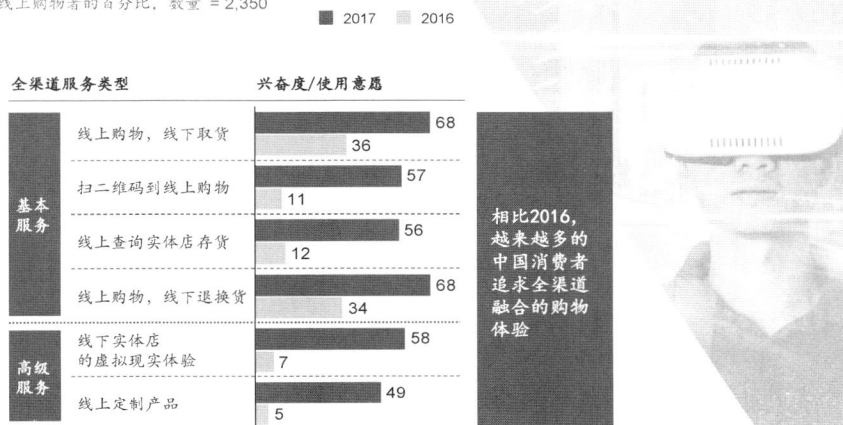

■ 2017　■ 2016

全渠道服务类型		兴奋度/使用意愿
基本服务	线上购物，线下取货	68 / 36
	扫二维码到线上购物	57 / 11
	线上查询实体店存货	56 / 12
	线上购物，线下退换货	68 / 34
高级服务	线下实体店的虚拟现实体验	58 / 7
	线上定制产品	49 / 5

相比2016，越来越多的中国消费者追求全渠道融合的购物体验

资料来源：麦肯锡2017中国数字消费者研究

图 3-5　消费者全渠道购物体验

趋势二：门店体验便利两极化

在中国的传统零售体系之中，实体门店的主要功能是分销。而在全渠道融合的大环境下，实体零售商将要面对客户更高的预期。一方面，消费者期望商品陈列及结账付款过程中的功能和便利性，甚至对标他们的网购过程，尤其是购买日常消耗品这类"家门口随时可获得"的品类时。另一方面，消费者希望实体零售的"体验"更加高品质、人性化和个性化，尤其是他们购买长购买周期／高价值的商品或者奢侈品这类需要产品体验甚至购物"仪式感"的品类时。

因此，未来实体门店需要满足消费者"零碎化便利"和"集中式体验"两个场景，更需要两极分化的定位。地铁站里的无人售货机、现在的无人货柜和进驻社区的无人超市，都是利用消费者碎片化时间，提供比线上更便利和"即时可获得"的购物场景。而主要商业街和购物中心的品牌旗舰店、体验店，以及高品质买手店，都是提供更加极致的购物消费体验的场景。

实体店体验转型的一个实例就是"展厅效应"的正面效果。现在有36%的消费电子产品顾客，在实体店浏览时会同时用手机上网探究。

43

调查结果表明，如果消费者在线探究之后，又到实体店体验，那么购买该品牌的概率高达80%，且其中41%的人会选择就在实体店购买。如何利用实体店提供优质的体验，而非仅仅作为销售渠道，是品牌商未来赢得消费者的重要手段（见图3-6）。

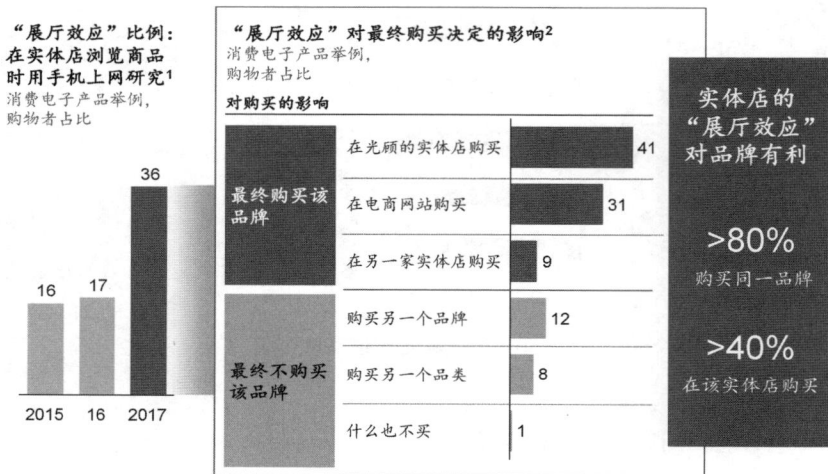

"展厅效应"比例：
在实体店浏览商品
时用手机上网研究[1]
消费电子产品举例，
购物者占比

	2015	16	2017
	16	17	36

"展厅效应"对最终购买决定的影响[2]
消费电子产品举例，
购物者占比

对购买的影响

最终购买该品牌	在光顾的实体店购买	41
	在电商网站购买	31
	在另一家实体店购买	9
最终不购买该品牌	购买另一个品牌	12
	购买另一个品类	8
	什么也不买	1

实体店的"展厅效应"对品牌有利

>80%
购买同一品牌

>40%
在该实体店购买

资料来源：麦肯锡2017中国数字消费者研究

图 3-6　消费电子产品的"展厅效应"举例

趋势三：零售与生活场景融合

对消费者而言，零售场景与其他生活场景的界限将越来越模糊，多场景将更趋向融合。超过三分之二的一、二线城市消费者习惯与家人或朋友在购物中心度周末，其消费场景融合了零售、餐饮、文娱、亲子等。

同时，中国消费者不仅要求全渠道购物具有灵活性，还希望能乘兴之所至，更随时随地随性地购物，即"场景触发式购物"。研究表明，娱乐和社交是最容易触发零售的其他场景。有70%的消费者表示愿意在他们喜爱的品牌的微信公众号或小程序上购物。同时，"90后"消费者看到电视嘉宾穿的时装，或在微信聊天时得知新的美容产品，经常瞬间就会被点燃购物欲望。

趋势四：商品随时随地可被获取

电商作为实体零售的有力补充，令商品的可获得性大幅提升。多场景融合帮助触发消费者的购物冲动，但零售商和品牌商需要在他们改变主意前完成销售，才能增加销量。高线城市次日达、低线城市2~3日达已经成为电商的标配，低于这个服务水平就会显著影响销售成交率。最近几年，随着O2O送餐（如美团、饿了么）将极速配送变为可能，越来越多的传统物流商（如顺丰）和电商物流（如京东物流）也开始开拓更加高速的配送服务（比如同城当日达或4小时之内达）。

我们的研究显示，1~4小时内送达货品不但能增加销量，还能大幅提高客户满意度。在使用过O2O送餐服务的受访者中，36%表示对非餐饮类的即时送货服务兴趣浓厚。传统平台电商的"次日达已经足够快"的理念也正在被打破，各大品牌商可借鉴甚至利用O2O送餐平台的半小时内高效送货服务，通过加快商品配送提升冲动消费的转化率。

趋势五：产品个性化和服务化

"爆款"标品不再打天下。随着电商使得大量商品触手可得，中国消费者不再仅仅满足于标准产品。调研显示，45%的中国"90后"消费者不再满足于"爆款"标品，而开始青睐小众的个性化产品，甚至是定制化产品，以满足个人需求、彰显品位和个性。例如，在电商平台上，针对独身细分族群的小家电（如小型冰箱、洗衣机）的销量远超家电品类平均，线上定制产品销售占比也在逐年上升。

产品服务化需求初显。将个人和家庭的生活需求转换成为品类、品牌、产品，经历一系列费时费力的对型号、配置、性能的研究，并进行"一次性的标品购买"，是传统产品和零售对消费者制定的"规则"。对于非刚需品类、新兴产品、换代频繁的产品，消费者的购买转化率低下。新型电商的服装短期租赁增长迅速，越来越多的品类也开始尝试产品租赁服务。

趋势六：信息质量和针对性高

互联网引发信息爆炸，而消费者筛选信息的时间成本越来越高。现实中的所谓"个性化推送"往往是"垃圾信息轰炸"。98%的受访社交媒体用户都在社交媒体上收到过广告推送，但只有18%的人认为收到的推送"投其所好"。消费者也反映，电商平台上针对自己的产品推荐，主要是自己过去买过的产品的同类，而非自己正打算购买的产品。

相比线上的信息爆炸，消费者仍然觉得实体店的店员对自己一无所知。在我们的调查中，只有10%的消费者在店铺得到了个性化的服务或建议，尽管他们已经是这个品牌的忠实用户，在该品牌的电商渠道有了多次的购买经历。

未来的中国零售从业者需要进行全面转型，重塑消费者的客户体验

阿里巴巴作为中国最大的电商平台，拥有大量的线上商家/商品、消费者客户和海量的数据，并初步打造了端到端数字化生态。作为未来发展的战略重点之一，阿里巴巴在2016年率先提出"新零售"概念，主张通过"人货场"的打通，提高全价值链效率，并提升消费者用户体验。

作为阿里巴巴孵化的新零售排头兵，主打全渠道生鲜零售的"盒马鲜生"引发了消费者追捧的热潮，甚至出现"盒区房"之说。"互联网要拥抱实体经济，实体经济也要拥抱互联网，'互联网+零售'是必由之路"，盒马鲜生创始人侯毅如是说。热火朝天的盒马，成了从业者首先对标和仿效的对象——永辉超级物种、京东7Fresh、苏宁苏鲜生、家乐福极鲜工坊、步步高鲜食演义、美团掌鱼生鲜、百联Riso等纷纷参与竞争。

新零售依赖于实体经济和线下资产，不可能赢者通吃，"类盒马模式"的盛行是中国零售业开始新一轮百花齐放的缩影。零售业价值链中的相关企业，从传统零售商到商业地产商、从互联网巨头到消费产品公司，纷纷尝试新业态和新模式，大力推行数字化举措，并开展跨界合作打造生态体系。

未来的中国零售业态，需要从业者进行全面转型——在客户界面上，进行多管齐下重塑消费者的客户体验，包括渠道触点重构、生活场景重构和产品服务重构；在关键使能上，打造更高效的敏捷供应链，运用更先进的技术和数据进行赋能，同时大力开展打破边界的生态体

系合作 (见图 3-7)。我们将在下文中详细展开阐述。

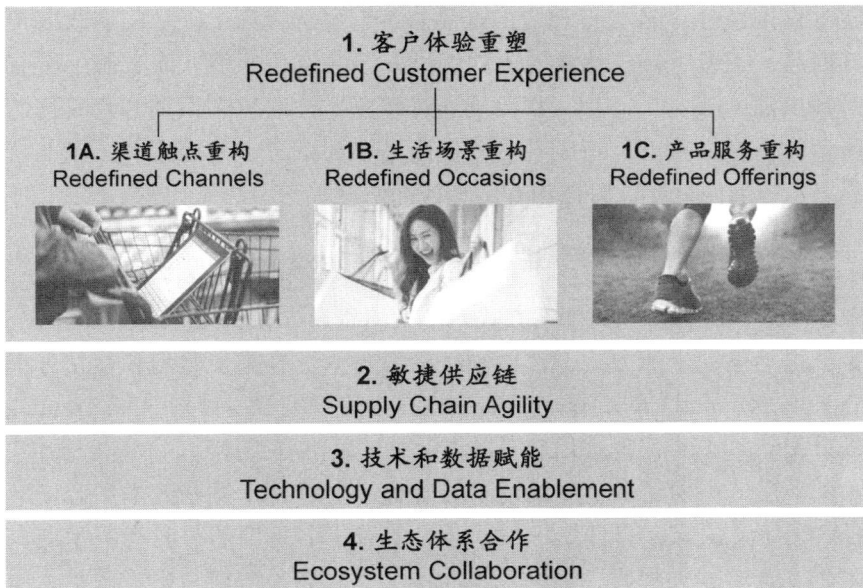

1. 客户体验重塑
Redefined Customer Experience

1A. 渠道触点重构
Redefined Channels

1B. 生活场景重构
Redefined Occasions

1C. 产品服务重构
Redefined Offerings

2. 敏捷供应链
Supply Chain Agility

3. 技术和数据赋能
Technology and Data Enablement

4. 生态体系合作
Ecosystem Collaboration

图 3-7　未来中国零售业态如何重塑客户体验

客户体验重塑——渠道触点重构（Redefined Channels）

举措一：打通线上线下，提供随时随地的全渠道客户体验。优衣库（UNIQLO）在 2009 年与天猫共同开创服装电商旗舰店模式之后，在 2013 就开始通过 App 推进线上线下融合的购物体验。在 2014 年，约 30%~40% 在店购物的消费者下载了优衣库 App，并开始使用寻找就近的实体店使用折扣券、在实体店扫码去线上商城购物等功能。之后，优衣库又率先与天猫合作，在天猫旗舰店上实现线上线下库存可视、线上买线下取货等跨渠道体验的功能。2016 年"双十一"当天，优衣库更是将天猫旗舰店关闭半天，把消费者引导到实体店取货和体验，令当天实体店的客流超出平时周末两倍以上，并更进一步培养了消费者全渠道的消费习惯。

举措二：让实体店电子化，增强购物体验。巴宝莉（Burberry）的实体店的门店助理人员都配备了 iPad，销售顾问可利用 iPad 为客户定制巴宝莉的经典款风衣，如果店内没有合身的尺寸或者适当的颜色，还可直接通过 iPad 预订相应的产品。客户可选择第二天从门店收取预订商品，或者直接提货。门店内的试衣镜装有传感器，而衣服上装有射频识别（RFID）芯片，从而能通过传感器读取射频识别芯片发送的信息。当客户将巴宝莉风衣或其他商品拿到试衣镜前面之时，镜上就会显示商品的材质、剪裁和款型等各种信息。

客户体验重塑——生活场景重构（Redefined Occasions）

举措一：打造相关生活方式，扩大消费需求和黏性。耐克（NIKE）为了提倡运动生活方式，在不同场景发力：具有跑步监测和社交分享的 Nike Running Club App，具有 100 多项音视频健身计划 Nike Training Club App，以及推广篮球足球等各类运动的线下各类体验店和体验场馆。

举措二：创建多个生活场景的融合。上海 K11 购物艺术中心，融合"艺术、人文、自然"三大元素，集合了名牌门店、时尚买手店、生活方式用品买手店、主题艺术展厅、美容店、餐饮、烘焙课堂、周末集市等实体业态，并通过社交平台和意见领袖提升消费者关注度，为 25~40 岁的时尚上班族和潮人提供一站式的消费体验和多个生活场景的融合。

举措三：利用其他场景触发购物场景。领先在线视频网站优酷等推出的"边看边买""剧中同款"触发消费者在影视娱乐过程中产生的购物冲动。淘宝"拍立淘"能够通过图像识别技术，让消费者通过拍照，直接在淘宝上搜索到生活中看到的商品。孩之宝（Hasbro）利用变形金刚、小马宝莉等 IP 的影响力，在电影上映同期，在影院等场所开展各类粉丝活动和玩具营销，并向电商渠道导流，加强了消费者互动，并提升了玩具的销售。

客户体验重塑——产品服务重构（Redefined Offerings）

举措一：抓住细分性需求。中国消费升级推动改善型需求大增，而品牌商已开始通过各种数字化手段，更快、更准地发现这些细分市场的独特需求，适时推出新品，并和电商平台紧密合作，前瞻性地研究下一季最流行的产品特性，为产品设计提供及时有效的输入。如海尔对于小众但有一定共性的需求的产品子品类，针对独生族群的缩小型家电，由用户在众创平台提出需求，设计师认领想法并设计多个样本，再由用户投票选出，经技术可行性验证后发布预售，并根据用户反馈迭代产品。

举措二：合理利用产品定制。消费者不再满足千篇一律的标准产品，如今产品的定制服务已延伸到了过去相对标准化的品类。耐克让消费者在官网上定制运动鞋，选择自己喜欢的颜色、材质和鞋带等，消费者也可以在实体门店体验实物和触摸可选材质的同时，在店内的电脑、平板上挑选自己喜欢的选项。海尔也推出了由用户定制冰箱容积、调温方式、门体材质和外观图案的定制冰箱。

举措三：尝试产品服务化。在共享经济的影响下，一次性购买不再是消费者唯一的选择，"先租后买"的模式运用而生。专业相机镜头价格不菲而使用场景相对单一，消费者在购买前缺乏对各种镜头产品的实际体验，只能花较多时间通过各种渠道做购买前的研究，而往往购买以后不甚满意或使用频次低下。针对这些消费者通点，佳能（Canon）推出镜头租赁服务，提供50余支全新镜头以及配件租赁，涵盖了从初级到专业不同等级。用户可提前5天电话或现场预约，每次可以租用3支镜头，最长7天。从结果来看，既满足了某些消费者的短期使用需求，又降低了消费者决策成本，从整体上扩大了对于佳能产品的需求。

敏捷供应链（Supply Chain Agility）

举措一：设计部署区分化的供应链。欧莱雅在中国设计了两种配送模式——多个RDC模式和一个CDC模式。针对全国范围都有需求的大众市场产品（如美即面膜），设置覆盖各个大区的多个地区配送中心（RDC），最后一英里正常配送；而针对需求聚集在高线城市的高端、小众产品（如科颜氏Kiehl's），设置控制包装、配送的统一中央配送中心（CDC），最后一英里快递送货，以缩短交货周期。通过细分供应链，有针对性地优化供应链成本及敏捷度。

举措二：供应链延展与打通。盒马鲜生整合打通了从产地到消费者全流程的供应链。盒马的门店除了承载商品展示销售和餐饮体验的功能外，还"以店为仓"，作为分拣、仓储中心，并通过高效率的分拣布局、流程和设备，令订单配送完成耗时远远少于竞品。同时，通过线上线下商品信息互通、订单流互通、RFID 标签实时监控等，提升供应链补货效率，其库存周转期仅为业界水平的一半。

举措三：打造"最后三公里"。京东到家利用线上平台和物流优势，主打生鲜商超，吸引 7 万家门店入驻，包括沃尔玛、永辉等国内外零售巨头独家入驻。利用同城速递达达完成下单后 1 小时配送，解决"最后三公里"服务。

科技和数据赋能（Technology and Data Enablement）

举措一：建立统一的客户 ID 和数据平台。如今的全渠道零售商，线上线下同一个用户只有一个 ID。线上线下同款、同价、统一库存。消费者无论在线上还是线下渠道购买，都可以选择送货上门或到门店自取。统一的数据帮助商家将分离的线上和线下渠道库存统一管理，降低运营成本。同时，通过物联网等获取的线下数据，可以与线上数据打通，统一处理和分析。

举措二：利用大数据开发高价值用例（如针对性营销、个性化推荐、客户挽留）。亚马逊率先定义了基于大数据的个性化推荐，其超过三分之一的收入来自推荐功能。在消费者首次登陆时，亚马逊网站会从中性角度展示本周最畅销的产品，之后，系统就会根据先前的购买、搜索和浏览记录向消费者提供相应的建议。如今，基于大数据的个性化推荐已经成为电商平台的标配，而且在技术上能够实现更加实时的推荐，用户发现购物网站会根据自己几秒钟之前的搜索和浏览行为，直接调整商品排序和商品推荐。但是，现有的"千人千面"更多的还是根据用户过去的行为推测"未来可以购买哪些类似的商品"，而非消费者"未来可能打算购买什么样的产品"。在不远的将来，随着大数据算法应用能力的进一步加强，对消费者购物行为的预测性分析能为消费者和商家带来更大的价值。

举措三：利用新技术（如物联网等），赋能用户体验重塑。大悦城针对非会员，通过 Wi-Fi 探针、iBeacon 蓝牙、摄像头等收集消费者在商场内的行走与浏览路线，通过聚类分析，猜测消费者需求，依此推送商品。而针对会员，绑定客户行踪与交易记录，对客户进行标签，刻画客户画像，根据客户标签、位置、购买商品推荐其可能感兴趣的商品和服务。

生态体系合作（Ecosystem Cooperation）

举措一：数据合作。互联网企业坐拥海量数据，首先开始与品牌商开展合作，发力精准营销。腾讯从 2015 年开始利用其社交平台及生态体系中的消费者数据，与各个品牌开展社交广告合作，基于消费者标签与画像，定向推送营销信息。阿里巴巴从 2017 年开始推广 Uni-marketing，通过拥有阿里体系内电商及内外部生态数据的数据银行，对接品牌商和广告代理商，通过线上和线下定向推送营销信息，并追踪优化投放效果。互联网企业与品牌商的合作的关键，是利用双方的优势——平台有数据和分析能力，品牌有对品类的理解和商业分析能力。

与此同时，商业地产运营商也开始将自身的线下数据与外部线上数据结合。大悦城通过自有线下数据，与大众点评客户数据合作，发现大悦城用户 80% 以上属于有消费实力的年轻人，其消费方式更注重品质和体验感，从而开辟了大悦城创新区"悦界"，将其公共面积提升了 10%，餐饮和体验区面积增加了 60%，并将空间绿植提升至 35%。从效果来看，悦界带动场内销售类指标接连走高，楼层销售涨幅在 30% 以上，朝阳大悦城连续 4 年平均每年销售额增长约 60%。

举措二：价值链资产合作。未来的零售业态涉及线上线下资源，必须利用各类从业者的优势，整合价值链，向消费者提供全新的体验。互联网企业充分认识到这一点，在过去两年内通过外部战略投资与合作，全面发力实体零售布局（见图 3-8）。

未来的中国零售，将面临消费者需求的质变——一方面蕴藏着巨大商机，另一方面墨守成规者将被淘汰。零售价值链中各类企业必须进行全面转型，摸索出正确的重塑客户体验之路。如能抓住未来 2~3 年的机遇，从业企业就能实现业绩与竞争力的飞跃。

	Alibaba Group 阿里巴巴集团		Tencent 腾讯 / JD 京东	
超市/卖场	SUN ART, 大润发	■ 技术研发、供应链整合、会员系统打通、支付互联、物流联合 ■ 通过合资公司继续推进盒马模式的生鲜创新门店	Walmart 沃尔玛, 永辉超市, Carrefour	■ 联合永辉超市（腾讯、京东）、沃尔玛推出京东到家并在会员、物流仓储上深入整合 ■ 入股家乐福（腾讯、永辉），投资门店建设和数字化经营
百货/服装	银泰 YINTAI, SUNING 苏宁	■ 科技赋能银泰消费体验 ■ 战略投资苏宁	万达集团 WANDA GROUP, HLA 海澜之家	■ 入股万达商业（腾讯京东等） ■ 入股海澜之家（腾讯）赋予其线上流量和线下数字化升级
生鲜/餐饮	易果生鲜 YIGUO.COM, 饿了么, 盒马	■ 投资易果，独家运营天猫超市和苏宁生鲜 ■ 打造线上线下一体的生鲜餐饮店盒马鲜生	天天果园, 每日优鲜, 7FRESH, 京东到家	京东建立生鲜事业部 ■ 投资天天果园、每日优鲜（腾讯） ■ 自营生鲜超市7Fresh ■ 建立3公里内商超生鲜为主的O2O平台京东到家
便利店/专卖店	LST 天猫小店, 小麦柜	■ 掌售通数字化升级存量，便利店加盟成立天猫小店 ■ 投资美的孵化无人货架公司"小卖柜" ■ 研发无人便利店淘咖啡	京东便利店, 京东之家, 京东专卖店	■ 新通路事业部赋能，线下便利店通过加盟进行数字化改造，并开发无人货架和无人超市 ■ 3C事业部线下门店京东之家和京东专卖店
物流	CAINIAO 菜鸟	■ 联合多家集团和快递成立菜鸟物流，布局智能物流	京东物流, 达达	■ 自建仓配和物流京东物流 ■ 入股第三方众包配送平台达达

图 3-8 主要电商进行外部战略投资与合作布局

3.3 数字化健康：通过创新提高医疗服务质量，降低医疗成本[1]

智能手机计算步数，Fitbit 健身手环记录消耗的卡路里、心率和训练进度，这些针对病患者和健康人群的数字化解决方案已经出现很长时间了，下载这些应用程序的用户也非常踊跃。根据业内领先的电子医疗发布机构的统计数据[2]，超过 50% 的美国手机用户下载了与健康相关的手机应用。麦肯锡 2017 年消费者调查显示，在中国，约 60% 的消费者使用应用程序进行健康管理。

《2017 年中国消费者调查："双击"中国消费者》

领先实践已经证明医疗的数字化应用可大幅度地降低医疗成本：例如，瑞典致力于实现整个医疗行业价值链的数字化，在未来 10 年内，医疗支出将大幅削减 25%。即便如此，与患者相比，医疗服务机构在发掘数字化应用方面仍然比较迟缓。医疗系统若能克服内部掣肘，将

---

1 感谢 Sri Velamoor, Basel Kayyali 和贺景怡对本小节的贡献。
2 Paul Krebs, Dustin T. Duncan. Health App Use Among Us Mobile Phone Owners: A National Survey, https://www.ncbi.nlm.nih.gov/pmc/articles/PMC4704953/, 2015–11–4.

无处不在的传感器与各种应用程序和系统联结起来，对产生的大量数据进行分析，理应能够对医疗和健康行业带来革命性的变革。

以 MyTherapy 为例，这是一款能够帮助患者定期服药的应用程序。根据世界卫生组织的估算，即使是在工业发达国家，在需要长期治疗的患者中，按时定量服药的患者仅占 50%。在美国，由于患者没有按照医嘱治疗而额外造成的医疗支出高达 3 000 亿美元[1]。

在中国，几乎占成年总人口数 10% 的超 1 亿人患有糖尿病，血糖的监测和胰岛素的正确使用是糖尿病管理的一大痛点。制药公司礼来、腾讯及丁香园合作针对这一痛点为患者提供血糖监测设备、教育和患者服务，同时向医生和患者亲友提供患者数据，以数据分析为基础管理糖尿病，希望借此提高干预质量、降低医疗支出。

业务模式尚未成型

尽管这些移动应用程序的想法非常好，但还没有切实可行的业务模式。在很多国家，公民可享受免费的基本医疗，因此要让他们自己下载 App 的话，他们可能只愿意花 0.99 美元。医疗保险公司在考虑为什么花钱的时候，它们需要对效用进行临床研究。制药企业能够动辄投入数百万美元开展研究，而这对于初创企业来说几乎是不可能的。对于医生来说，他们没有动力向患者推荐这些移动应用。一个不得不面对的事实是，这些人和企业要么对各种应用程序本身不了解，要么对应用程序的临床相关性或者质量信心不足。对于应用程序的可靠性或者个人数据保障问题的担心也是一个重要因素。这就形成了一个窘境：尽管数字化医疗在整个医疗系统层面确实能够创造附加值，但是没有人愿意为它买单。前文提到的制药公司礼来、腾讯及丁香园在中国糖尿病管理方面的尝试，亦处在持续探索可行业务模式的阶段。

因此在许多国家，医疗市场的基本运作机制，尤其是支付方式，是数字化应用在全国范围内推广的最大障碍。医疗服务收费采用按服务项目计费的模式，按照具体服务项目的账单计费。至于治疗的质量

1　Brian Fung. The $289 Billion Cost of Medication Noncompliance, and What to Do About It? https://www.theatlantic.com/health/archive/2012/09/the-289-billion-cost-of-medication-noncomplianceand-what-to-do-about-it/262222/, 2012-9-11.

和治疗结果是否成功，并不是医疗收费模式的组成部分。

在美国，并不存在统一的医疗服务收费模式，但现在也提出了另辟蹊径的解决方案：政府的医疗保险机构 Medicaid（医疗补助）和 Medicare（医疗保险）率先在其医疗收费模式中将医院的治疗质量作为考虑因素之一。比如，如果哪家医院的患者重复入院次数太高，Medicare 就会向这家医院收取罚款。这种基于治疗结果的模式形成了一种经济激励机制，促使提供医疗服务的机构更加注重提升治疗质量。以美国特拉华州线上会诊的收费方式为例：如果家庭诊所已经关门，无法在短时间内与医生安排正常预约，或者如果保单持有人出门在外的情况下，安泰（Aetna）将为线上会诊支付费用。

在中国，以质量和治疗结果支付费用在短期内尚面临数据缺乏的重重困难。可喜的是，基本医疗保险在多年的按项目收费后，自 2017 年起全面推行以按病种付费为主的多元复合支付方式。在贵州，199 家公立医院在 2016 年实现了远程医疗互联，对于 1 个小时的远程诊断，基本医疗保险将覆盖上限至 90% 的费用。

未来的业务模式：数字化医疗服务机构为有医保的患者免费提供服务。如果患者的数据显示，使用数字化应用程序降低了医疗支出，那么医疗保险公司就会对数字化医疗服务机构给予相应的补偿。

创新平台正在建立

医疗服务数字化需要一个开放的数据及创新平台以访问各个医疗保险公司高度标准化的计费数据，从而进行产品创新。

在美国，医疗保险和医疗补助服务中心（CMS）在推出多个开源数据举措的过程中，这些第三方服务提供商就起到了创新引擎的作用。要获得这些患者的医疗数据，第三方提供商也必须将自己的数据发布到平台之上——不仅要避免用户锁定，还要衡量使用具体的数字化解决方案是否会带来可测算的结果。由于这些数据属于敏感数据，就必须要有具有公信力的政府部门，比如美国的卫生与公众服务部，来确保在获得授权的情况下才能够访问数据，这对身份识别、访问权限和数据释放管理系统提出了极高的要求。

英国的国民医疗服务体系（NHS）很早就采用了数字化医疗服务。在经过不少挫折之后，截至目前，英国的国民医疗体系已经为数字化医疗提供了 47 亿英镑的资金，争取将整体医疗支出降低 8%~11%。英国政府的目标是通过在线门诊预约、患者提醒服务、在线咨询以及解决需求侧的问题，帮助医院和全科诊所实现服务优化，从而提高工作效率。英国国民医疗系统大力推广数字化健康应用，比如维持身体健康的计步健身应用、有助于减少健康风险和戒烟的应用以及帮助管控血糖水平的应用程序，比如 mySugr。

英国政府已经认识到，如果医疗体系不自己建立统一的平台，也会有其他人去做。但是，只有具有非常持久的能力以及巨量资金的公司才能够完成这一任务（如苹果、谷歌）。

苹果采取的是双轨策略，同时推出自己的 ResearchKit 和 CareKit 两个平台。ResearchKit 是一个开源软件平台，吸引医生和研究人员在平台上面创建应用程序。通过这种方法，iPhone 手机成为进行医学研究的一种工具。医学研究人员能够利用 ResearchKit 开展各种疾病的调查，比如哮喘、乳腺癌和帕金森症。美国的众多顶级大学和研究学院纷纷加入了这一项目。CareKit 平台针对的是患者本身。平台的目标是帮助患者更好地管控自身疾病，同时患者还能够将自己的生命体征向自己的主治医师分享。

同时，医疗技术行业的现有企业也纷纷试图开发自己的平台，希望在新的医疗行业生态系统中获得中心地位。飞利浦将自身的各项产品，比如牙刷以至磁共振成像（MRI）扫描仪，整合成为一个统一的业务部门——飞利浦医疗科技（Philips Healthcare），而且除硬件之外，还开发出能够对整个医院进行管理的软件。通用电气（General Electric）运营自己的健康云平台（Health Cloud），该平台不仅出售服务器容量，还可将软件出租给医疗系统使用（SaaS 软件服务）。IBM 收购的 Truven、Explorys 和 Phytel 等公司在多年以来已经收集了大量的医疗数据，而且将这些海量数据作为基础开发出各种人口健康管理解决方案。微软凭借自己独有的人工智能（AI）应用 Cortana，推出了自己的健康云平台，目标是成为开发数字化医疗解决方案的首选平台。

在中国，政府正在大力推进创新基础的建设：大数据平台。2017年4月，国家卫计委牵头建立了国家健康医疗大数据安全管理委员会，监督建设国家试点项目，推动健康医疗大数据发展。同时，《健康医疗大数据安全管理办法》亦在酝酿中，以期解决数据共享及应用的安全隐私保护问题。

在"国家队"之外，中国领先的数字化生态系统巨头如百度、阿里巴巴、腾讯亦在数字化健康方面大力布局，打造创新平台。例如：百度专注于"百度医疗大脑"，通过医疗数据、专业文献的采集与分析，协助医生完成问诊。阿里健康着力搭建平台化的医药电商，同时通过广泛外部联盟，通过"智能检测设备＋健康管理"计划及时干预消费者对自身的健康管理。腾讯利用其在通信和社交的优势，希冀成为连接每一个医疗实体的一级入口，建立病患与医生之间的连接，打造互联网／数字化＋医疗生态。

同时，保险机构如平安，以"诊所标准化服务平台"及"智慧医保"为依托，以 SaaS 云诊所系统为创新平台载体，为成千上万的诊所进行标准化、信息化、医保引入等赋能，同时协助政府医保、商业保险公司对诊所进行监管。

预测性维护是未来趋势

尽管数字化医疗护理行业内的企业可能还在寻找自身的业务定位，但它们对未来都有自己的愿景。在美国，先知先觉的企业纷纷进行人口健康管理解决方案的开发。这种理念也就是机器制造企业利用数字化实现创新的策略：开发出预测性维护功能，从而在机器的零部件出现故障之前就及时进行维修。如果将这种概念用到人身上，就需要志愿者使用健康和健身应用程序收集健康数据，然后将这些数据发送到一个集中式机构，然后由这个机构对数据进行评估。如果检测到偏离正常指标的情况——比如说，用户的体重持续增加，血压也很高——应用程序就会及时响应，同时有针对性地提供锻炼计划和营养方案方面的建议——这一切都通过应用程序进行，应用程序还能够记录实施建议方案取得的效果，如果用户没有严格执行建议方案，应用程序将予以提醒。利用这种预测性维护功能，用户能够改善自身的健康状况，而不至于真正患病了才发现。

在中国，领先的民营健康险公司如平安，与南非的 Discovery 合作引入了 Vitalty 项目理念，通过赠送手环、积分兑换的形式，激励健康的生活习惯。同样在贵州省贵阳市白云区打造了社区"大数据 + 大健康"服务模式，为 18.9 万余居民建立电子健康档案。居民可以享受家庭医师上门服务，在家门口的社区智慧健康体验馆进行远程问诊。同时，通过智慧医疗智能监测手环，对患有高血压、心血管疾病等相关慢性病的老人进行一天三次的血压监测，若预测异常将自动报警。

数字化健康的时代已经到来。中国的医疗服务系统，无论是公立、私立抑或是非传统医疗服务提供方，必须要充分利用大数据不断创新产品及服务，并探索持久的业务模式，才能在数字化时代成功分享 10 万亿级的中国大健康市场红利。

3.4 数字化银行：谁还需要银行？金融科技对银行业的现有业务模式构成威胁 [1]

> 我们非常抱歉地通知您，您的企业贷款申请没有获得批准。"这对于西班牙桑坦德银行（Santander）的企业客户而言，这样的话并没那么严重。桑坦德银行会将贷款申请遭拒的客户引荐给自己的合作伙伴 Funding Circle，而后者正是一家金融科技公司。Funding Circle 给自身的定位是为中小企业提供贷款的市场平台。自 2010 年以来，参与这一贷款平台的私人投资者和投资机构高达 56 000 家，为 5 个国家的 19 000 家企业提供的贷款高达 24 亿美元。而主流银行由于受限于严格的监管规定，无法向这些企业发放贷款。

Funding Circle 承诺为贷款方提供具有吸引力的风险回报，并且对贷款申请人进行专业的信用审核。该公司的网站可显示近期发放的贷款清单：如果向一家制造企业提供期限为两年，金额为 110 000 美元的

---

1 感谢 Somesh Khanna、Vik sohoni 和 Michael Bender 对本小节的贡献。

贷款，投资者获得的年利率为 6.5% 左右。如果申请金额为 50 000 美元的贷款用来回购股票，则在 3 年内每年的利率为 10.8%，而金额为 30 000 美元的贷款的年利率则高达 16.6%。在市场利率趋近于零的情况下，如此高利率尤其具有吸引力，这也体现出 Funding Circle 对未来使命雄心勃勃的宣示：“我们就是要淘汰业已过时的银行体系。”

在全球 12 000 家金融科技企业中，大多数企业都有这种宏伟愿景。投资者尤其欢迎进入行业的创新企业：仅在 2015 年，投资者对这些初创企业投入的资金就高达 210 亿美元。其中，Funding Circle、SoFi（学生贷款、按揭贷款）和 Lending Club 目前的估值均已超过 10 亿美元。

事关成败

与这些金融创新企业相比，传统金融机构显然处于弱势一方。长期以来，银行在价值链数字化方面的努力乏善可陈；IT 系统滥而无效、臃肿不堪、积习难改，再加上新的监管要求，让各大银行更是举步维艰。更为重要的是，大多数金融机构尚未从 2007—2009 年的金融危机中缓过气来，而低利率又压制了金融机构的利差收入。董事会每天关心的是成本削减计划如何推行。

即使是零售银行，日子也并不好过。存款业务几乎是亏本的，同时客户对于支付支票账户和网络银行业务收费的意愿不高。许多人认为银行业务是一种商品，其主要侧重点在于可承受能力。

正是在这一背景之下，金融科技企业对传统银行发起冲击。这些企业的速度更快，成本更低，创新意识也更强。这些企业的员工更为年轻，没有 IT 系统的拖累，也没有监管方面的压力。金融科技企业懂得用户的需求，能够通过流水化和数字化流程提供简单好用的应用程序。例如，N26 是一家获得银行业务牌照的金融科技企业，主要功能是让用户通过智能手机进行账户管理，用户在这家企业开户只需要不到 10 分钟的时间。用户只须输入个人资料，通过视频通话完成身份验证，然后很快用户就能够通过信用卡号码访问具有各种功能的账户。而在现实中的储蓄银行，开立账户可能要花上一整天。

金融科技企业还能够提供此前没有过的产品。比如，Lending Club

为个人之间的借贷提供平台。再比如，作为非营利企业，Kiva 的目标是通过借贷将个人联结起来，从而缓解贫困。在发展中国家，只要借出 25 美元，就有可能帮助一位创业者开办一家企业，让孩子获得上学机会，或者让一个家庭获得能源[1]。

但是，这些小型企业不会、也没想着去取代那些传统金融机构。这些企业一直以来的侧重点在于价值链中的个人因素。金融创新企业对于传统银行发起冲击的领域主要在于零售银行业务。这些企业顺应消费者习惯的变化，同时发掘新技术在银行业务领域的可能性。例如，如今绝大多数消费者都拥有智能手机，这也是移动交易的关键要素。如此一来，消费者就不需要去附近的银行办理业务，从而使距离不再成为银行的优势。例如，金融初创企业 Raisin 为全欧洲提供投资平台。该公司的客户能够将钱存到欧洲的任何国家，从而获得更为优惠的定期存款利率[2]。

而 Funding Circle 是为企业客户提供融资，这在金融科技企业中尚不多见。尽管金融科技企业的成本更低，对于用户而言也更为方便，这些对于个人客户细分而言非常重要，但是也需要对这一目标群体的需求和限制有确切的了解——客户建议至关重要。对于金融科技企业而言，这方面的付出也是值得的：调查结果显示，中小企业（SME）非常乐于接受来自网络的金融支持。

面对低利率环境，传统银行业切身感受到了来自金融科技企业的挑战，因此它们也正在努力寻找新的业务模式。麦肯锡的一项研究结果显示，如果传统银行不采取应对措施，在未来几年，它们的利润下降幅度将会达到 35%。但是，数字化威胁的另一面也意味着机遇。如果传统银行能够学到金融科技企业的长处，而且能够将这方面的知识应用到自身的业务流程之中，同时与金融科技初创企业联手成立合营企业，那么传统银行就不仅能够避免业务衰退，而且还能将利润水平提高 40% 以上 (见图 3-9)。

1　资料来源：https://www.kiva.org/about。
2　资料来源：https://www.raisin.com/。

利润比重，%

风险			机会
竞争对手的创新产品/服务	10~13	4~7	通过创新产品/服务增加收入
操作风险水平提高	14~16	9~10	利用基于CLM的交叉销售和数字化销售的差异化，提高现有产品/服务的收入
利差损失	5~6	30~31	通过自动化/数字化减少运营成本
	29~35	43~48	

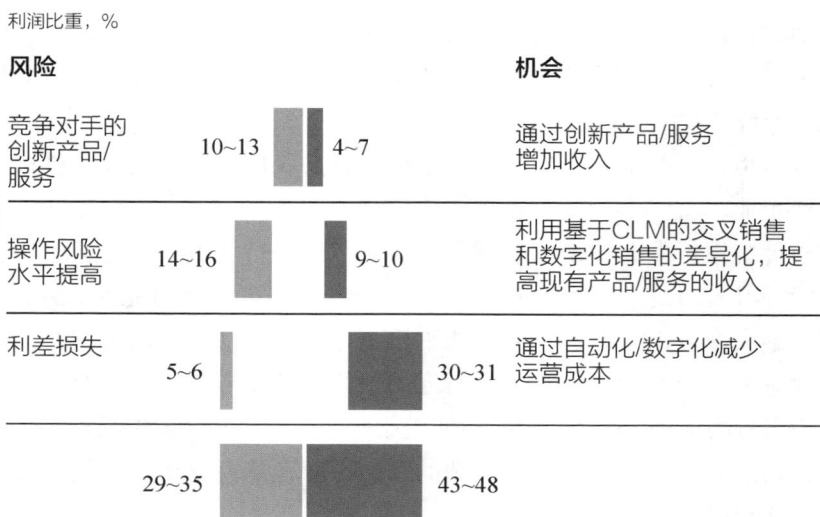

图 3-9　未来两到三年内数字化可能产生的影响

未来的银行

　　如果银行想要抓住机会，它们首先要侧重于自身优势。与金融科技企业不同的是，传统银行已经拥有了庞大的客户基础和广泛的产品组合，而且它们的品牌拥有长达数十年的信誉度。即使分支机构成本很高，也能够转化为优势，并且成为全渠道经营理念的组成部分，客户能够在当地分支机构实现业务渠道的自由切换，他们能够通过智能手机查看对账单，在笔记本电脑上购买股票，还能去当地分行获得个人化的业务建议。

　　更为重要的是，各大银行还有大量的数据资源有待发掘，这些数据涵盖各个领域，比如客户交易、贷款违约率以至投资者以何种方式应对利率的波动。由于这些数据规模庞大，非常复杂，而且结构不清晰，传统的数据处理方法在处理海量数据时显得力有不逮。但是，凭借高级分析手段，比如功能强大的计算机、高效的算法以及智能化程序，就能够对大量数据进行分析，从而对未来动向做出预测。

　　利用这些高级分析技术，银行就能够更好地了解客户的需求，同时通过定制化投资产品，更为直接地满足特定客户细分对于定制化投资产品的需求。大数据分析也有助于估算信用风险，还能够作为提供全新产品与服务的基础。这方面可以脸书和谷歌为例。比如，银行能够开发出对现有交易数据进行分析的软件，还能够利用某些外部数据来源，比如 PayPal 的支付行为数据，从而及时针对贷款申请做出决策。如果银行能够对自身的大数据资源进行智能化分析，它们就有很大的机会作为数据公司赢得主导地位，从而位居数据生态系统的中心。当然，未来的金融行业仍将以金融交易为主，但是银行能够在目前的基础上，将自身的业务范围扩展至更为广泛的领域，从而转型成为能够满足客户日常需求的服务提供商。

　　在未来，银行将围绕数字化平台，利用自己提供的服务和合作方提供的服务构建一个生态系统。比如，如果客户在银行网站上研究申请按揭贷款需要满足哪些条件，这家银行的保险业务合作方就能够同时为客户提供家居保险产品。比如说，合作方也可能包括一家浴室配件制造商，这家公司能够为新房装修提供新潮的水龙头。其他银行客户可以在他们外出购物时通过智能手机进行定位，然后向他们发送特别优惠券，吸引他们到附近的门店去消费（见图 3-10）。

　　的确，要从单纯的金融机构转型成为数字化平台，为客户提供生活方式的选择，同时从合作方公司获取佣金，传统银行还有很长的路要走。但是，仅就技术基础而言，银行并不需要单独另起炉灶。银行可以和金融科技企业开展不同程度的协作。

　　最为松散的协作形式是与金融科技企业建立联盟关系：例如，总部位于伦敦的大都会银行（Metro Bank）就与金融科技企业 Zopa 建立了互惠互利的协作关系。在低利率时代，大都会银行很难通过将客户存款进行投资从而获取利润。另一方面，作为点对点借贷平台，Zopa 的私人投资者无法满足信贷申请的要求，因此大都会银行可提供现金，同时赚取更高的利息。这是一种双赢的局面。

根据特定配置的推荐和评级，搜索最适合的商家、预订和付款

在门店内购物时兑换适用于特定位置的优惠券

专家通过视频提供建议，申请所得税和公司税减免

在查找和购买不动产（包括按揭保险等）时获取实时建议

通过分析腕带数据，与本地药房建立联系，获得针对特定DNA的高血压治疗方案

针对选定的目标客户，在虚拟市场实时开展有针对性的营销活动

通过远程视频提供建议，优化投资策略

做什么？　一个生态系统为所有潜在领域提供服务……

由谁做？　……各类符合条件的合作伙伴……

在哪做？　……通过高度智能化的B2C/B2B平台……

B2C平台　**中央银行平台**　**B2B平台**

怎么做？　……涵盖所有渠道，完全个人化……

终端设备上的软件机器人（Bot）和应用程序（App）　呼叫中心的人工智能　交易　机器对机器（M2M）

何时做？　……全天候，植入日常生活

早上6点　　　　　晚上10点

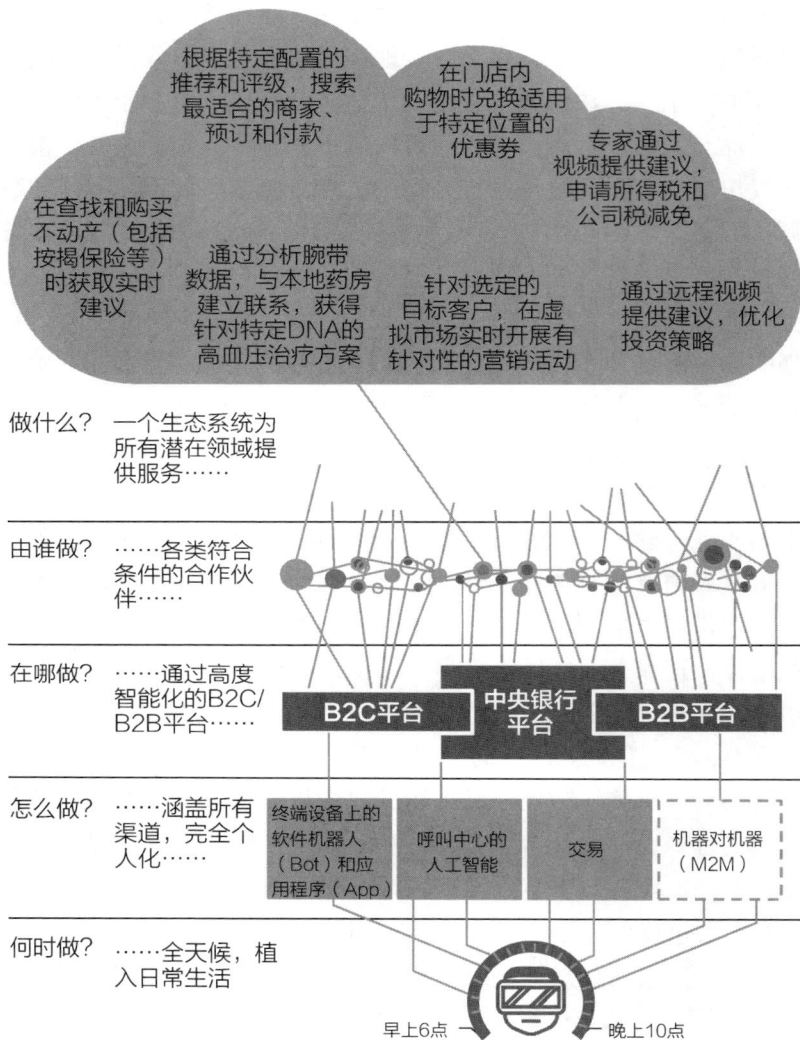

图 3-10　未来的银行将成为客户日常生活的数字化枢纽和支柱

比较紧密的协作形式是参股：例如，2015 年，瑞士信贷（Credit Suisse）以 1.65 亿美元的代价购买点对点借贷平台 Prosper 的股权，持股比例为 10%。经过本轮融资，Prosper 的估值达到 19 亿美元。在实施数字化转型方面，西班牙对外银行（Banco Bilbao）采取的举措更为咄咄逼人。这家拥有 150 年悠久历史的西班牙银行收购了一系列金融科

技企业：2016 年，该行收购位于美国加州的金融科技企业 Holvi，这家企业是专门针对中小企业的在线贷款平台。2015 年，西班牙对外银行收购英国首家网上银行 Atom 30% 的股权，后者针对移动终端对客户联系策略进行了改进。在此之前，西班牙对外银行已经收购了美国网上银行 Simple、西班牙大数据初创企业 Madiva Soluciones 以及加州的一家设计工作室 Spring Studio。

这就体现出传统银行的另一种优势：尽管总是苦于资金不足，传统银行对于获取感兴趣的理念创新和人才显然还是舍得花钱的。但是，尽管收购了不少金融科技企业，传统银行是否能够成功顺应未来的数字化趋势仍然存在不确定性。要确保成功，传统金融机构及其全体员工就务必要转变固有观念，转向顺应所有金融科技企业共同秉持的理念：从客户需求和客户体验的角度考虑每一笔交易。

3.5 数字化物流：效率驱动下的变革[1]

随着 2017 年"双十一"的消费者狂欢告一段落，天猫、京东等电商的销售战也落下帷幕。在创纪录的 2 500 亿元人民币销售额和 13.8 亿个包裹的背后是，近年来中国电商市场的蓬勃发展和移动互联网在中国的持续渗透，这对物流行业的效率提出了更高的要求。

中国物流行业整体在过去几年保持了较为稳定的 6% 的复合增长率，其中快递行业的年复合增长率更是高达 23%。稳定增长的背后，却是物流行业各细分市场企业面临的日趋激烈的市场竞争以及趋薄的利润空间。在这样的市场环境下，阿里巴巴、京东等电商起家的物流参与者，以及一部分有前瞻性的传统物流企业，已经开始通过数字化的手段，提高企业内部的运营效率，从而抢占市场份额、提升利润空间。物流行业的数字化转型，更是在中国的国家"十三五规划"中列为主要任务之一。可见，物流行业的数字化转型已经刻不容缓。

在近年来国内物流行业典型数字化趋势中，我们选取了三个来做进一步的讨论——数字化平台、大数据分析、自动化。其中，数字化

---

1 感谢王乾源对本小节的贡献。

平台降低了物流行业信息匹配的成本，提高了资源匹配的效率；大数据提升了分析的细度和时效性，大幅提升了资源利用率；自动化的物流设备则可能颠覆劳动密集型的运作模式。可见，这三个数字化趋势殊途同归——都着力于进一步提升物流行业的运营效率，节约企业的运营支出，并更好地服务终端消费者。

数字化平台——物流企业的颠覆者还是助力者?

互联网的普及和提速提升了信息传递效率，从而在多个行业产生了颠覆性的数字化平台商业模式。这样的例子屡见不鲜。例如，亚马逊和淘宝对传统零售业的颠覆，优步和滴滴对出租车行业的颠覆，爱彼迎（Airbnb）对传统酒店行业的颠覆等。这些颠覆者以更强的供需匹配能力，提高客户的选择自由度和价格透明度，扩大生产商、服务提供商的市场空间。

回到物流行业，这样的趋势在陆运领域尤其明显。我们在跨城运输、同城运输及快递领域均观察到了新兴数字化平台的出现。这些平台提供了匹配、在线竞标、众包等服务。有的提高了传统物流资源匹配的效率，有的更是满足了一些市场上新兴的运输需求（见图 3-11）。

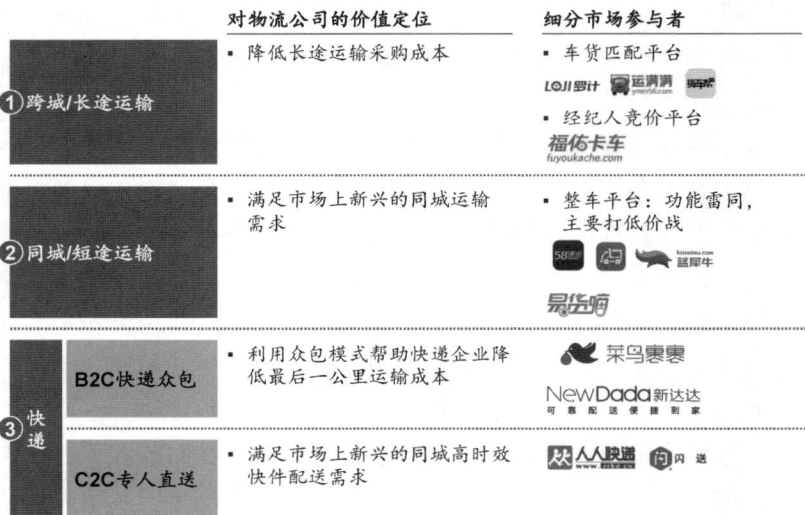

图 3-11　国内物流行业的平台类公司十分活跃

以跨城运输为例，由于中国整车运输市场相当分散，层层分包，以小散户运输为主，城际物流的回程空载率高达近40%，市场上涌现了一批"互联网＋物流"的线上货运平台。福佑卡车是线上无车承运平台的典型，其数字化平台整合了货源端需求，再以众包形式发布给运力端，从而提高资源利用效率，并通过佣金抽成变现；"货车帮"和"运满满"则是线上直接进行车货匹配，跨过中间商直接撮合货主和司机，减少交易中间环节，并通过车后市场变现。

在"货车帮"和"运满满"于2017年11月27日合并前，"货车帮"司机端月活跃用户已达100万，"运满满"司机端月活跃用户已达150万，日撮合成单数保守估计均在5万条以上，以每单8 000元计算，年成交额可达1 200亿元。通过访谈货主和司机得知，这些平台的兴起已导致部分以转卖信息为主的中间商、信息部业务大幅减少。

另一方面，同城物流需求的快速增长也催生了新的商业模式。在中国部分大型城市，同城需求已占快运业务总需求的约10%。同时对时效性的要求也越来越高，次晨达已无法满足所有消费者，即日达甚至实时达需求成为新的蓝海市场。2017年同城实时达需求已达百亿级别，并以每年翻番的增速快速增长。在这一背景下，涌现出了"货拉拉""云鸟""58速运"等同城、短途运输平台，"达达""菜鸟裹裹"等快递众包平台，以及"闪送""人人快递"等C2C专人直送平台。

尽管同城平台公司当前面临同质化竞争严重、变现困难的难题，但其快速抢占新兴市场的能力，已对传统快递、快运公司产生了实质性威胁。例如，达达凭借40~50分钟的平均送达时间，成为市场占有率最高的同城实时达服务提供者。如何结合自身网络优势和新的数字化技术，满足日益增长的同城物流需求，将是传统快递、快运公司亟须解决的问题。

大数据分析——从概念到真金白银

在曾经的物流园区里，中间商们用粉笔、小黑板给司机进行配货。如今，每天上亿件快递，在每次收件、分拣、出仓、送达时，都会留下记录；安装了监控系统的物流车辆在行驶过程中，更是会实时留下位置、速度、预计抵达时间等海量数据。物流行业从手工记录到数字化的质变，也意味着产生的数据量随之爆炸式增长。在此前提下，物流行业开始尝试如何利用大数据方法，将海量的数据转化为实实在在的效率提升，并在部分领域初见成效（见图 3-12）。

爱尔兰车队管理优化公司（FleetMatics）是早期进行大数据尝试的典型。FleetMatics 早在 2004 年便成立，针对物流、采矿等行业，提供车队管理的 SaaS（软件即服务）解决方案。在物流行业，FleetMatics 利用 GPS 技术，通过手机或电脑客户端提供车辆管理优化服务，如车辆的预防维护监测，实时路线优化，车辆利用率规划，找寻最近车辆，驾驶员驾驶行为监测等，从而有效地对卡车位置进行追踪，提升派送效率，选择最佳路径和最近车辆，从而降低派送过程的浪费（如在燃油费上平均可以节省约 25%）。

类别	举例	服务详述	影响
仓储布局优化	百世云仓 BEST CLOUD OFC	• 应用物流数据分析和网络化分仓，进行分会备货优化、仓储选址优化、仓库数量优化，为企业提供一系列仓储优化服务	避免爆仓现象，降低库存成本，预计降低约10%的库存积压
车辆管理优化	FleetMatics	• 对卡车位置、运营状态进行有效追踪 • 提供车辆管理优化服务，如实时最佳路线选择、找寻最近车辆等，降低派送过程的浪费	提升派送效率，降低物流运营成本（约10-25%燃油费） 预防车辆耗损，降低车辆维修成本 避免虚假索赔，降低索赔成本
运量预测	菜鸟网络 CAINIAO	• 通过大数据分析、信息挖掘、人工智能等技术帮助运输企业预测运量 • 根据运量进行线路模拟、优化和规划	提升运输企业线路规划、车队计划的准确率，降低人员成本和物流资本支出
网络优化	国内领先快运、快递企业均已孵化出自有工具	• 输入物流需求、车辆信息、场地信息等数据，通过机器学习算法，优化物流网络（中转场、分点点、运输车队）的时效和成本	大幅降低物流企业排线、排班的工作量，提高物流时效，降低运输成本约10%-15%

图 3-12　数据规模和数据技术的发展促生了中外的大数据分析业务

在大数据分析上的创新，中国企业也并不落后。近年来中国电商的蓬勃发展，拉动了物流行业在大数据分析上的创新。以阿里巴巴牵头成立的菜鸟网络，已先后投入千亿元发展数据驱动的、协同物流行业全链条各类企业（如快递公司、干线运输企业、仓库运营商等）的生态圈，为生态圈中的合作方提供端到端的解决方案。以菜鸟网络的快递行业解决方案为例，菜鸟网络从初期为快递公司提供电子化面单开始，进而开发了多个数据驱动功能，包括动态包裹量预测、智能路线规划、实时物流数据、物流云等服务。其中，电子面单和智能路线规划预计节省了18亿元左右的运营成本，约有2%左右的毛利率增长。

一些前瞻性的传统物流公司也相继意识到了大数据分析的重要性，着力建立自身能力。领先的物流企业为更好地实现最后一公里的递送，将递送模式从以中转场为重点的中心辐射型衍生为基于分点部的动态网络，并通过算法进行出发时间和线路的优化，大幅降低了递送时间与递送成本；一些整车长途运输企业通过部署智能运输管理系统，进行业务逻辑的优化和智能调度，优化后的联程单比例及毛利都得到了进一步的提升。

随着大数据分析在物流行业得到不断尝试，如何从概念到效益落地，切切实实地通过大数据分析，实现效率提升和成本的降低，是物流企业在日趋激烈的市场环境中脱颖而出的关键点。如何利用成熟的大数据分析工具，或是内部开发相应的解决方案，也是传统企业需要考虑的一个重要因素。

自动化——机器人替代人已不是幻想

麦肯锡全球研究院的报告指出，仅仅是采用市场上现有的、成熟的自动化技术，也将为全球节省近13万亿元年薪成本，相当于影响约11亿人。自动化技术的运用不仅起到替代劳动力的作用，更能为企业带来产能的提升——降低错误，减少停产时间，从而提升准确率和效率，甚至可以对有一定工伤风险的工作带来更好的安全性。一些相邻行业中（如采矿）早期实施自动化的企业已经通过用自动化实现了10%~40%的成本及产能的提升。可见，对于劳动密集型的物流行业而言，自动化和半自动化有潜力带来明显的投资回报，行业将因此产生剧烈的变革。

事实上，自动化在物流行业的各子行业已经得到了一定应用。其中最明显的是在快递行业的物流仓库和中转站。在仓库和中转站内，自动化技术已经运用到了卸货、扫货、存货、分拣、包装、载货的整个流程中，并为物流企业节约了相当可观的运营成本。例如，在分拣过程中，亚马逊自有的 Kiva 自动地面行驶机器人 (AGV) 可以自动选择、移动货架至工作人员处，并通过激光笔辅助工作人员拣货，比传统的设备效率提升了 2~4 倍，从而降低 30%~40% 的拣货成本。在国内，阿里巴巴、京东等也在强化自身的仓储、分拣环节的自动化能力，在上海、天津等地投入了地面行驶机器人、分拣机器人等自动化设备。

同样地，自动化的趋势给快递行业价值链上的其他部分也都带来了想象空间。如在包裹递送阶段，一些新型概念，如无人机送货、自动路面送货机器人等自动化技术相继出现，亚马逊、阿里、京东、顺丰等公司都在探索相关技术。虽然这些技术有很大可能提升递送效率，但还处于早期研发阶段，在现实中也将有一定的运营风险。所以，各类自动化应用在物流的不同价值链中的成熟度存在着不同情况。

物流行业另一个切切实实的变革是海运港口的自动化。自动化港口改变了过去港口工作人员直接手动操作机器进行繁重、危险的工作，通过操控人员、用计算机控制所有设备，完成集装箱的转运。其中，港口操作管理系统（TOS）作为自动化港口的"大脑"，进行需求预测、工作流管理、港口任务监测及优化等；设备控制系统 (ECS) 控制和协调港口设备的运营、桥吊的装卸、集装箱的水平运输、堆场的装卸和管理、闸口自动化等全套环节 (见图 3–13)。

大量的创新在于港口设备的自动化。以美国加州的长滩集装箱港口为例，通过利用自动化岸桥起重机、全自动轨道式起重机、自动引导运输车 (AGV)，成为美国的第一个全自动化的港口。同时，荷兰的鹿特丹港，以及近年来中国的青岛港、上海洋山深水港等都采用了上述自动化设备，实现了半自动化或全自动化，从而提升港口资源利用的效率。

从 20 世纪 90 年代自动化港口自欧洲起源，至今全球已有约 40 个左右的半自动化及自动化港口相继出现，其中便有近年建成的青岛港自动化港口、厦门远海自动化港口和上海洋山港自动化港口，我们预测未来 5 年，自动化的趋势会进一步加快，全球港口自动化将有 100 至 150 亿美元的投入。然而，自动化之路还很长。全世界目前仅有 5% 的集装箱港口实现了自动化和半自动化，并且自动化的优势也没有得

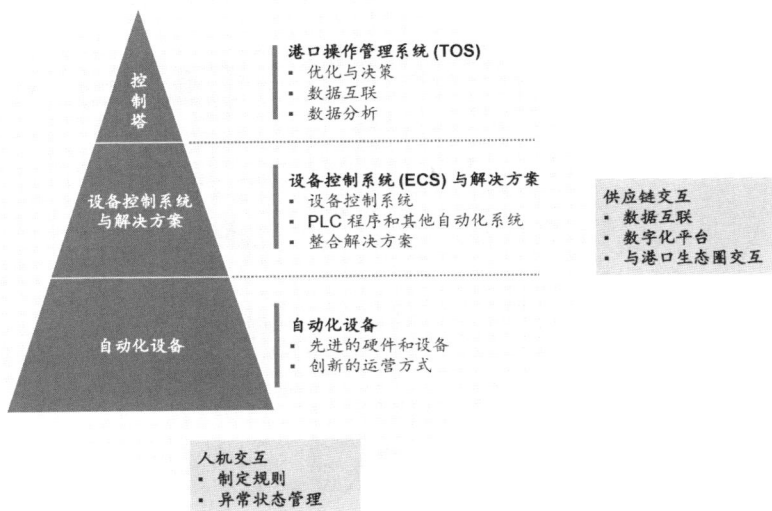

图 3-13　港口自动化技术一览

到完全的体现。相较预期，全自动化港口带来的实际运营成本节省约15%~35% 左右（小于预期的 20%~55%）。

如何更好地实施自动化，最大化地实现产能提升和运营成本降低，是所有物流企业值得持续探索的问题。

传统物流企业还有机会吗? 如果有, 该如何脱颖而出?

数字化平台、大数据分析、自动化仅是整个物流数字化的其中一部分。纵观全局，物流市场涌现出了丰富的数字化业务机会，包括端到端运营、营销和客户体验、新业务发展、后台管理等。我们相信物流行业的相关企业均可在相应的数字化课题中，找到最适合自己的发展途径 (见图 3-14)。

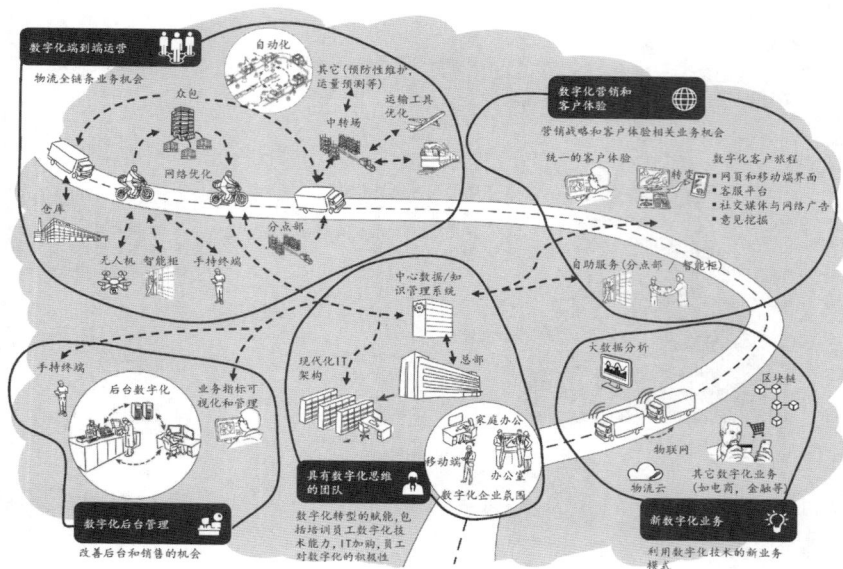

图 3-14　物流运输市场涌现了丰富的数字化业务机会

市场环境正在发生快速激剧变化，现在到了物流行业内的传统企业审视自己在价值链中定位的关键时刻。我们认为，在眼下的环境下若要脱颖而出，传统物流企业必须要具备成为（类）科技企业的雄心壮志，拥抱技术发展所带来的变革。"抓住数字化机会"必须成为传统企业战略层面的核心任务——从对数字化的行动领域进行优先排序开始，找出务实可行的启动方法，培育拥有数字化思维的团队，适当的借力外部资源，以助力自身的转型与持续发展。

新兴生态系统中的机遇

数字化正在摧毁原有的业务模式，并为新的业务模式开辟了空间——除本文所述的五个新兴生态系统外，还有很多其他的生态系统，比如智慧建筑、数字化能源、数字化媒体与通信、智慧城市、精准农业等，都是数字化思维所催生的新业务模式的领域。

随着行业界限的逐步消解，各市场需要重新构架和布局。当反应敏捷的初创企业从各个领域内的既有领导者手上夺走客户时，我们迫切地需要反思下列问题：我们的业务是否面临威胁？我们对新技术的运用是否正确？我们是否发掘出了新的业务潜力？

要想在新市场取得成功，企业还需要确立自己新的业务架构，这方面的内容详见下一章的阐述。

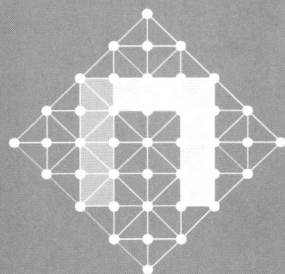

第 4 章

做什么？
开发业务架构

数字化时代要求掌握新的技能：希望在业内和新兴生态系统内获得成功的企业，必须设立自己的职能部门和流程来迎接新时代。

成功的数字化企业有哪些相同之处？他们都严格按照客户需求生产产品和制定流程，这也是本章要从客户体验入手讲述开发业务架构的原因所在。

接下来，我们会介绍产品开发的新模式。为了符合新的数字化理念，产品不再以完美的状态进入市场，而是先以基本的配置亮相，然后再加大力度对其进行深入开发。

最后，我们会阐述数字化的设计思维。通过以人为本的创新方法，让产品设计在数字化时代更能满足客户和市场的需求。

4.1 客户体验：数字化助力银行业升级 [1]

在数字化客户体验上，很多零售业、服务业和互联网公司已经远远地走在了市场的前面。这些先行者已经为广大的消费者展现了耳目一新的客户体验。例如，阿里巴巴率先实践的新零售消费生态，耐克努力打造个性化的年轻一代生活方式，出行服务商优步、滴滴等颠覆了消费者对于出行的体验……消费服务和互联网等行业已将客户对于体验的预期提升至前所未有的新高度，提高了各行各业的竞争门槛，这给银行既提供了诸多启示，又带来了变革的压力。银行要想实现自我突破，下一个里程碑就是对标跨行业的一流标杆，打造超越客户期望的数字化客户体验。

数字化浪潮现在进行时

在当今时代，企业长期处在激烈的竞争环境下，提供数字化服务

1 感谢 Oliver Ehrlich、Harald Fanderl、Christian Habrich 和叶海对本小节的贡献。

和运营已成为几乎各行业中重塑客户体验的首要驱动力。面对瞬息万变的市场，银行业应当把握数字化浪潮中的增长机遇，开启迈向未来智慧金融的进化之门。麦肯锡通过在数字化客户体验领域与知名企业的合作中提炼出了三大重要发展趋势。

趋势一：客户旅程的数字化势不可挡，并极大地提升了客户体验

数字时代的卓越用户体验有赖于服务提供商提供简洁的并且赋有个性化的、由多个互动构成的体验旅程。企业应将"客户旅程设计"作为价值创造的核心，并综合运用多种设计工具强化体验旅程（见图 4-1）。麦肯锡调查显示，亚洲发达国家 58%~75% 的消费者在线购买银行产品，方便、快捷、多渠道等数字化体验成为客户选择银行的重要衡量标准。领先实践经验表明，银行只要抓住最关键的 30 个客户流程，进行数字化改造就可创造巨大价值，并节约 20% 的运营成本。

关键的 30 个流程包括借记卡开卡、信用卡申请、贷款申请、客户投诉、现金管理以及按揭申请等，覆盖了 80%~90% 的客户行为，占到40%~50% 成本开销。通过对这些流程的数字化改造，银行可牢牢抓住数字化转型机遇，进一步抢占客户资源，扩大客户钱包份额，提升客户满意度，改善运营效率，削减成本。

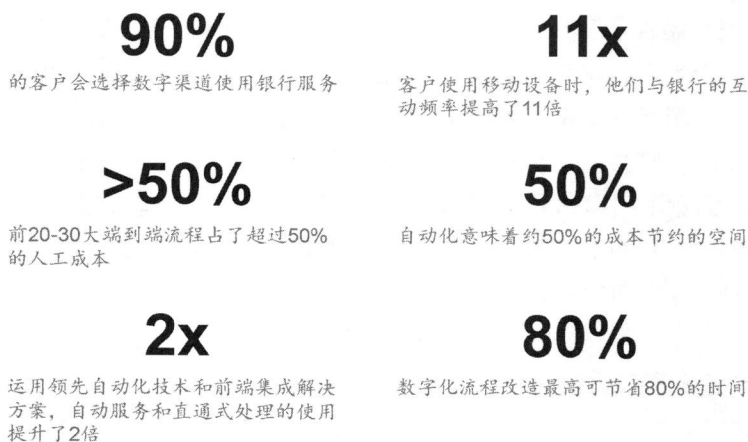

90%
的客户会选择数字渠道使用银行服务

11x
客户使用移动设备时，他们与银行的互动频率提高了11倍

>50%
前20-30大端到端流程占了超过50%的人工成本

50%
自动化意味着约50%的成本节约的空间

2x
运用领先自动化技术和前端集成解决方案，自动服务和直通式处理的使用提升了2倍

80%
数字化流程改造最高可节省80%的时间

图 4-1　数字化客户旅程拥有巨大潜力

趋势二：银行服务从"跨渠道"转变为"全渠道"

麦肯锡研究发现在数字化的推动下，银行的服务渠道在过去几十年中发生了巨大的变化。20世纪90年代以前，银行主要利用物理网点服务客户，并专注于产品销售；从90到00年代，随着电子通信技术快速提升，电话银行、网上银行等电子渠道发展迅速，银行开始提供网点、呼叫中心与网上银行等配合的多渠道服务模式，但渠道之间缺乏客户信息共享。之后的00到10年代，银行积极整合各渠道的信息，实现共享，以打造跨渠道服务模式，但各渠道的运作还是相对独立，并没有真正实现"以客户中心"的转变。

目前银行致力于发展线上线下一体化的全渠道管理，包括网点布局、新业态规划、线上渠道开发、创新获客渠道开拓等，努力构建全渠道、多触点的一致客户体验。

趋势三：大数据、人工智能等高科技助力打造智慧银行

西班牙对外银行首席执行官冈萨雷斯曾说过："一些银行家和分析人士认为，谷歌、脸书和亚马逊等公司不会完全进入银行业这种受到高度监管、利润率较低的行业。我不同意。而且我认为，如果银行不做好应对这些新竞争对手的准备，将必死无疑。"领先银行已经在利用大数据找到对客户"隐藏的"见解，描绘客户画像，了解客户需求。新的数据类型和更完善的工具、技术和分析功能，能够根据基于行为和事实的预测，发现更深入、更相关的客户见解。

人工智能也将对银行业起到颠覆性作用。以往人们借助计算机的运算能力可以更高效地完成任务（例如，比人类更快地处理更复杂的计算）。传统的软件程序由人类编写，包含具体的指令要求。人工智能的工作模式完全不同。它们依据通用的学习策略，可以读取海量的"大数据"，并从中发现规律、联系和洞见。因此人工智能能够根据新数据自动调整，而无需重设程序。利用机器学习，人工智能系统获得了归纳推理和决策能力，而深度学习更将这一能力推向了更高的层次。这些计算机系统能够完全自主地学习、发现并应用规则。Capital One银行已成功运用"人工智能+大数据"技术预测客户偏好，这些预测贯穿在客户获取、客户服务、产品设计及风险管理等所有业务环节。

数字化客户体验转型的四大成功要素

就传统的运营模式而言，银行一个常见的短板是非常看重对企业内部能力的优化，而不是以客户的真正需求作为核心导向。部门之间的割裂也是银行转型的另一个障碍，因为这与实现真正意义上的跨部门协作要求格格不入。此外，很多银行仍在以一种传统的、自上而下的方式进行大项目的运作而不是以更适应市场变革的方式，不断验证和进行改变。最后，在很多情况下，银行的最高管理层也未能坚定地推行数字化解决方案。麦肯锡通过多年数字化转型经验总结出以客户为中心的银行数字化转型的五大关键成功要素。

要素一：坚持以客户为中心的数字化旅程重塑与优化

全球领先银行普遍采用 EdgE（End-to-End Digitalization）方法来改善客户体验。EdgE 是客户旅程数字化改造的领先方法，是一种基于敏捷交付，快速迭代，短时间内开展端到端流程数字化的独特方法。

有别于传统方法，EdgE 具备六大优势（见图 4-2）：

	典型的自动化方法	EdgE
成效	对现有流程进行提升设计	零基础/新流程新设计带来的转型与实际成效
范围	主要以IT为重点	先全面变革流程、实践做法、运营模型；利用端到端的工作单元
交付时间	瀑布式，周期为9-18个月，于每月/每季度发布	敏捷方式，周期为3-4个月，每周迭代
能力建设	由外部供应商交付自动化	与您共同进行数字化开发，根据经测试与总结的方法，发展技能
质量/测试	主要测试在发布后进行，包括局部运营模型测试	整体运营模型测试，采用融入真实客户的方法
推广/扩大规模的方法（选择性）	逐步在企业内"推广"	新工作单元已经覆盖推广的各方，工作量"内化"

图 4-2 运用 EdgE 的创新方法，实现敏捷、快速、端到端的数字化改造

汇丰银行在 2015 年 6 月提出了"从根本上把组织完全数字化"的

数字化战略，将数字化列为银行近三年的前十大战略之一。汇丰银行计划五年内投资约 20 亿英镑，目标在 2020 年之前，将 60%~70% 的业务、交易完成数字化转型，从而全面提升银行数字化水平。为此，汇丰银行针对最关键的 20~30 个流程（覆盖约 90% 左右的客户活动），在全球主要国家和地区同时开展端到端流程数字化改造（EdgE）。汇丰银行的数字化旅程改造已经取得了显著的成果，从 2014 年到 2016 年末，数字化渠道销售额增加了 75%，活跃的数字化用户比例[1] 达到 40%~50%，大幅改善了客户体验。

某全球银行利用 EdgE 方法对抵押贷款和新客户开户两条关键流程进行数字化转型。仅用了 16 周时间就实现了贷款审批时间和开户时间缩短 99%，每笔贷款成本下降 70%，开户数增长 25%，产生了显著的效果和影响力（见图 4-3)。

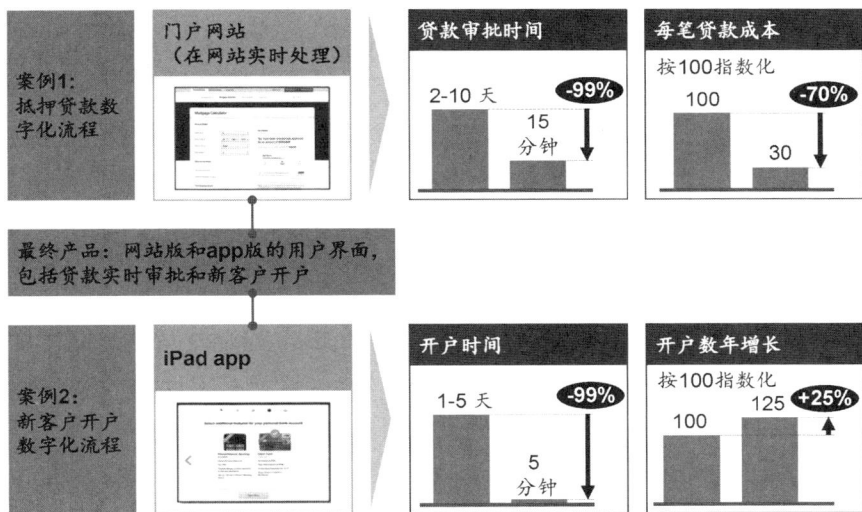

图 4-3　某全球银行数字化流程改造成功案例

另外要带来一流的数字客户体验，关键是要对需完善的旅程进行大刀阔斧的设计，一种有效的方法是我们所说的"零基础旅程设计理念"，即对旅程最终形式不带有任何预先设想，从零开始设计客户旅程，

1　活跃的数字化用户定义为过去 90 天内至少登录过一次网上银行或手机银行。

而不只是简单地改进现有旅程。在这个过程中，首要目标是彻底反思该旅程的运行方式，而不是单纯地对出现的低效问题修修补补。客户的需要和偏好既是起点，也是这项工作的持续依据点——这就是说，根据客户的反馈，可对新旅程即刻进行测试和迭代。这样有助于建立一个可触摸的客户体验"样板"，以便对于真实的客户体验获得更具体的感知，接着在客户身上不断进行验证。

通常，避免原流程相关人员参与设计，而是由客户或不熟悉该流程的员工主导，聚焦于客户痛点和如何有效提升客户体验，这样往往可以产生意想不到的效果，流程得到大幅优化。如澳大利亚联邦银行在改造流程设计时，创新的大门对所有人放开，包括受邀客户。往往是那些没接触过原有流程的"外行"，提出的方案或构思更具颠覆性。

另一家领先银行在改造信用卡申请流程时，通过诊断发现某环节需手动录入客户信息，效率较低。若采用传统数字化改进方法，利用自动化方式替代手工录入，仍旧只是对流程的微创新和微改进，客户体验便无法突破瓶颈。而零基设计理念彻底抛弃旧的工作模式和思路，突破原有流程的束缚，借鉴国外先进科技公司的做法，并邀请行业专家、客户深度参与其中，实现了颠覆性突破。

要素二：确保客户从非数字化到数字化旅程中的无缝衔接

近年来，银行对于如何建立有效的数字化渠道的认知比以前显著增多。然而，我们发现，很多项目推进困难的一个常见的问题是未能充分考虑如何鼓励客户积极采用新的渠道。客户未能接受数字化渠道有很多原因。例如有些客户对当面沟通有自己的偏好，有些客户担心数字化服务的质量与速度不能满足自己需求，还有些客户认为数字化服务缺乏个性化体验等等。结果，客户对数字自助服务渠道的接受未达到预期程度，从而制约了效率的提升和成本的节约。因此，充分规划并鼓励客户积极采用数字化方式是一个关键的成功因素。

在我们的经历中，要想鼓励客户接受数字旅程并无"万金油"式的方法。答案在于根据客户的测试结果，综合运用不同的工具和反复的方法。有各类战略可以使用，每个战略都有各自的战术技巧：包括向客户提供信息、提高客户旅程对客户的相关度、引导客户积极参与等。

1. 向客户提供信息

（1）运用有效的营销技巧，例如搜索引擎优化（SEO）、搜索引擎广告（SEA）或者线下活动，这些都是吸引消费者的关键手段。尽管重点是建立数字渠道，但目前仍需要在传统媒体和数字媒体技巧之间采取一种明智的组合方法。Foodora公司在德国开辟市场就是一个很好的范例，该公司成功地运用了SEO和SEA，在线认知度宣传活动和线下户外渗透并举的形式。像亚马逊和Zalando等其他数字专营公司也采用了类似的战略。

（2）说明新数字渠道的用途，例如，通过实体接触点播放视频，也可成为一种鼓励消费者积极接受的极其有效的机制。德国电信推出全新的云服务，阿拉斯加航空公司推出在家办理登机手续和行李托运打印服务，或是汇丰银行针对全新设计的在线银行业务推出教学视频等都采用了这种方法。

（3）通过测试、用户分组以及推送评论来吸引客户进行尝试，使部分公司通过激励反馈和口碑获得关键的客户基础。

2. 提高数字旅程的相关度

（1）汇集相关内容并带来愉快的体验非常关键（例如将各种功能整合到一个应用程序中），尤其对那些并不常用的数字渠道来说更是如此。个人客户会使用的应用数量非常有限，因此需要包含来自同一公司尽可能多的内容。在土耳其，安联保险决定将健康保险、提出索赔和其他服务等多种功能整合在一个应用程序中，而不是针对各个功能分别提供对应程序，消费者使用各个单一程序的可能性也低得多。

（2）将一直高频使用的服务囊括其中。中国平安保险是这方面的一个优秀典范，该公司的"好医生"应用程序包含多种吸引人的功能。公司用这种方法促使客户更频繁地使用其服务，并可以收集有价值的客户行为数据。

（3）不断完善和创新数字旅程。提取用户体验数据，提高数字渠道的接受程度和成功率。根据有效的用户体验评估结果和客户测试，有些公司使用了一些简单的技巧，例如建立全新的登录页面或者调整网站上功能元素的颜色，从而提高订阅量和点击率。

3. 引导客户

（1）提供激励措施也是促使接受数字化的重要手段。常见的做法是提供加分奖励或其它奖金。例如，英国的《星期日泰晤士报》推出的具有的纯数字化订阅方案比传统订阅方案更具竞争力。

（2）通过削弱竞争性或传统渠道的效力，或者限制竞争性或传统渠道的访问，使企业进一步轻推那些落后的采用者。这表示他们致力于采用全新数字工具或渠道并对其充满信心。例如，Wizz Air 这家航空公司在其网站上免费提供数字支持，而向寻求呼叫中心咨询服务的顾客收取 15 欧元的服务费。

为了鼓励客户积极接受数字旅程不仅仅要看重渠道的质量，还要利用多个抓手，找到一种合适的、个性化的解决方案。而且，需要在组织内的不同渠道和业务单元领导层中实现内部协调，因为在战略、目标、激励措施和心态方面领导者们的冲突可能会产生极具破坏性的影响。

要素三：打造全渠道银行的一体化体验

由于内部往往存在组织结构分割，很多企业往往从各个部门的视角关注特定的渠道触点，其带来的后果往往是客户体验的割裂，造成"1+1<2"的体验效果；而真正的客户体验提升需要打破传统，从客户的心理视角，让各个渠道触点成为整体，做到"1+1>2"。实现这一目标，企业需要从内部运营视角转换为外部"客户旅程"视角，建立跨职能的"全渠道"客户体验团队。当然，企业一把手必须亲历亲为，对组织的思维方式、工作方式和指标体系进行全新的改造。

国际领先银行借鉴零售业"全渠道"概念，提出打造全渠道银行（Omnichannel Banking），意在为客户提供一体化全方位的数字化服务，确保各渠道任何触点客户体验的一致性和透明度，大幅提高客户服务效率，一改过去反应迟缓、渠道衔接不畅等不佳的客户体验。麦肯锡的研究表明，使用多种渠道的客户会给银行创造更多价值。使用单一渠道的客户平均持有五种银行产品。使用三种渠道的客户平均持有七种产品；使用三种以上渠道的客户平均持有九种产品。与此类似，使用三个或更多渠道的客户贡献的收入是单一渠道客户的两倍以上（见图 4-4）。

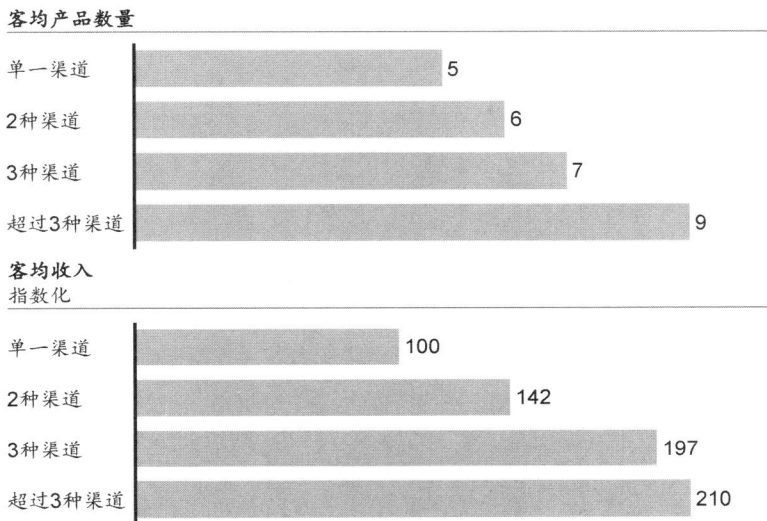

客均产品数量

单一渠道	5
2种渠道	6
3种渠道	7
超过3种渠道	9

客均收入
指数化

单一渠道	100
2种渠道	142
3种渠道	197
超过3种渠道	210

图 4-4　使用多种渠道的客户会给银行创造更多价值

全渠道战略有三个主要组成部分

第一，强化线上渠道，提升移动平台竞争力：数字化业务已逐渐成为传统银行的重要收入来源。以欧洲银行为例，2010 年到 2016 年之间，来自数字化渠道的零售银行业务额从 356 亿欧元增长到 763 亿欧元，银行总业务占比从 9% 提升到 20%。金融服务愈加广泛频繁地嵌入到零售和公司银行业务场景之中，国际领先银行着眼于移动端和互联网平台的业务模式，不断推陈出新。

第二，明确网点定位，利用新科技推动智慧银行转型：在网络时代，线下渠道仍非常重要，大多数消费者认为网点和面对面的咨询必不可少，国际领先银行通过大力推动渠道优化和智能化银行转型，提升竞争力。网点的定位从大且同质的全产品服务供应向轻型化、智能化转型，专注于销售和复杂产品服务咨询，注重客户的数字化体验。以澳大利亚联邦银行（CBA）为例，通过全面推动线下渠道的数字化升级，融合新技术，打造全渠道一体化体验。CBA 的下一代支行设计中，采取了一系列创新技术，比如设置大量移动自助设备，升级自动柜员机，缩短排队时间，通过视频方便客户与专家顾问互动，营造了极具"未来科技感"的一流网点体验（见图 4-5）。

图 4-5　利用新技术，实现支行网点的客户体验等级

第三，打造全渠道的一致客户体验，实现线上线下无缝连接：全渠道战略要求零售银行以客户为中心，全面汇集不同渠道产生的交易资料和客户数据，创建客户 360 度全景画像，提供一致的客户体验。其次，通过明确不同渠道的价值定位，帮助客户实现线上线下渠道的无缝连接。

荷兰 ING 银行经过十年打造了全渠道银行，实现客户在各个渠道的无缝一体化体验，该银行的举措包括三大方面（见图 4-6）：

明确渠道定位，提升服务效率和体验。ING 银行重新思考和调整不同渠道之间的战略定位，利用远程渠道处理简单的交易业务，实体网点则更侧重于为客户提供复杂产品的投资咨询。同时，更加重视通过多种手段推动渠道的数字化升级，帮助客户实现多个渠道之间的无缝切换。例如，ING 在法国推出了一款 Coach Epargne 应用，客户可以完全在线进行储蓄和投资决策，有效地减少了网点客户经理的负担，使客户经理能更加专注于较为复杂的产品销售，提升效率。ING 还是德国第一个引入人脸识别技术的银行，已有超过 15% 的客户使用这项功能处理银行业务，有效缓解了网点的运营压力。

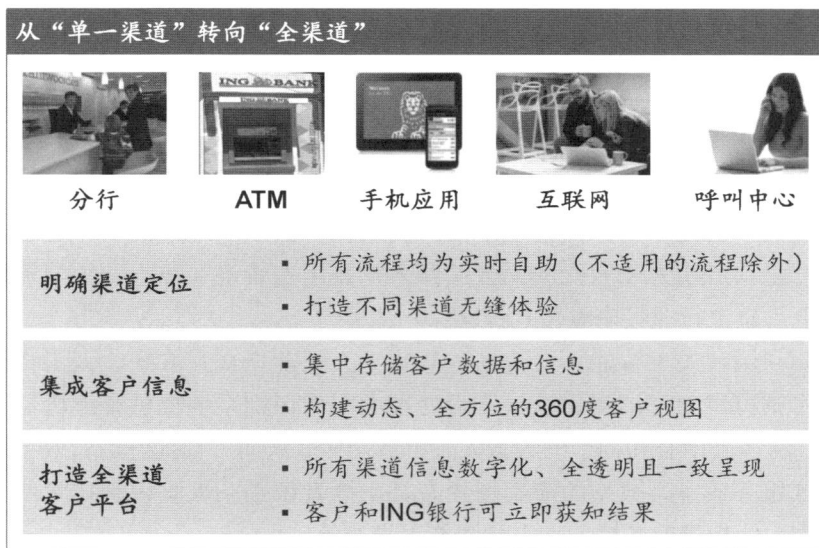

图 4-6　荷兰 ING 银行制定了全渠道战略，提升客户体验

集成客户信息，创建 360 度客户画像。ING 将客户数据和信息集中存储，所有渠道都能实时获得包括客户数据和信息在内的所有资料，从而生成 360 度客户画像，掌握客户的消费行为洞见。例如，ING 可以将一个客户在网点开户储蓄的信息与移动端浏览基金产品的频次和时间联系起来，识别出该客户的理财需求，从而有针对性地为其推送基金产品，增强客户黏性，将其培养为主办客户。实践发现，主办客户的交叉销售成功比例更高，其使用的平均产品数量比非主办客户高出 60%。

打通全渠道客户信息平台，实现一流体验。ING 银行在多个国家推出了全渠道客户体验界面，将客户在不同渠道的信息整合后一致呈现，为客户提供透明化和全流程的体验。例如波兰的 Moje，为客户提供了便捷清晰的交易信息、账户总览和金融规划工具。推出以来，Moje 的客户数从 2015 年到 2016 年末翻了四倍。ING 还在英国针对零售银行客户推出 Yolt App，在一个数据面板上集成了客户在所有金融机构的账户情况，使得客户可以享受所有银行的各类交易和服务，追踪资产动态，这也是英国第一个能处理不同金融机构资产的应用。

要素四：利用"人工智能+大数据"给银行真正创造价值

在市场产品和服务同质化的今天，如何制造差异化，对于企业的成功至关重要。争夺客户，企业不仅要靠解决客户的痛点，更需要挖掘客户潜在的需求来制造差异点，揭示客户深层次的心理动机，为客户创造"惊喜"。我们的研究案例显示，当品牌对客户失去"惊喜"时，伴随而来的是增长停滞甚至下滑。创造惊喜必须从理解消费者心理出发，主动运用人工智能和大数据深入挖掘消费者潜在需求，为消费者甚至为整个行业带来颠覆式惊喜。

利用"人工智能+大数据"打造无人化客户交互方式。人工智能技术则可以通过语音识别、语言处理和图像识别系统提供智能机器服务，将客服中心和柜台的大量人工解放出来，从而大幅提升运营效率，降低服务成本。典型的应用场景有基于语音识别和人脸识别技术的智能客服、柜员业务辅助、大堂智能引导等等。

星展银行利用试点方式在推广他们的移动银行，而星展认为成功的关键是采用了人工智能数字化身份识别技术，通过该技术，银行只要一个智能机器人就能处理所有用户咨询，大幅缩减了呼叫中心的规模。移动银行不发行支票或者支票本。除了可以在线上完成支付，还能进行借贷，完全实现无纸化，客户体验得以极大改善。根据星展的测算，移动银行所需的人力仅为传统银行的10%，大大降低了运营成本。

利用"人工智能+大数据"带给客户个性化体验。"人工智能+大数据"能够重新解构金融服务生态，简化业务流程，并深刻挖掘客户的需求，为其选择适合的金融产品和服务。典型的应用场景有基于机器学习与神经网络技术的智能投顾、保险定价、交叉销售等等。招商银行推出了国内首家智能投顾服务——摩羯智投。它可以深刻洞悉用户的需求和信用等级，从而对金融产品和服务做出选择，交易过程、服务反馈、信用再调整等一系列工作都可由人工智能在短时间内完成，极大地优化、丰富了用户体验。

花旗银行通过挖掘信用卡数据，交叉营销提升交易量。2011 年，花旗在新加坡创立"创新实验室"，集中 250 名优秀数据分析员在卡纳塔卡设立大型数据分析中心。客户如报名参加相关计划，每次使用信用卡时，花旗银行的系统就会根据时间、其所在地点和花旗银行客户过往的购物或进餐记录，向客户进行短信推送，提供临近商店餐厅的优惠，该场景帮助花旗银行成功提升了客户价值。此外，系统还会根据成功响应的客户特征及可能接受优惠的客户规模进行模型的自动优化。

利用大数据加强风险控制。从授信到早期预警体系，从压力测试到催收，大数据风险模型可以加快信贷决策速度、提高资金配置准确度、提升贷款定价的竞争力、降低风险损失。强化的优劣信用区分能力可以双重优化银行的业绩和风险。具体来说，银行的信贷审批时间可以从两天缩短为 20 分钟，或者贷款监控和早期催收系统准确性可以达到以前的两倍。银行一直对改善预测能力和提高信贷损失模型细度感到非常头痛，压力测试的结果也证明了这一点。基于大数据的高级分析法特别适用于防欺诈侦查。传统防欺诈方法是参照特定规则和标准寻找对应客群。而机器学习则会找出异于常态的模式，判断是否值得调查。高级分析法曾经提高了某家银行欺诈案件侦查率超过 15%。

在数字化浪潮的推动下，银行面临的压力越来越大，因此要努力改变客户体验的质量，满足不断增长的客户期望并对抗灵活的数字竞争对手。利用数字化变革，银行能够深刻地了解客户需求，有针对性地将高度完善的计划投放到市场中去。

4.2　数字化产品开发：敏捷开发与开放式创新[1]

搜诺思音箱（Sonos）现在推出了一款应用程序，该应用程序可以控制数字电台，向不同家庭的音箱发送不同的歌曲，并且保存所有家庭成员的个人播放列表。如今，所有的设备都与互联网相连，通过互联网传输其传感器收集到的数据，而汽车也早已

1　感谢王玮和丁轶群对本小节的贡献。

成为带有四个轮子的电脑。那些能丰富我们日常生活又能持续推动经济发展的产品已然改变，随着软件在产品附加值中所占的比重不断提高，这些产品正在智能化。例如，当今的汽车所用编程代码的行数就已经超过了 Windows Vista 的代码行数，并且还会一直增加。

现在，越来越多的产品通过软件控制的方式实现了新的功能，而产品开发和更新也越来越多地围绕于其中的软件部分。对软件的使用和依赖日益增加，使很多行业的产品开发部门开始接触"程序员的方法"——数字化产品开发，一条通向新产品和服务的结构化路径。产品开发人员以跨部门的敏捷方法将数字化和技术创新结合起来，从而推动项目更快进入生产阶段，并且时刻考虑到最终消费者的需求。在开发流程中，速度比完美更重要，尝试、失败和学习是这一方法的核心组成部分。与此同时，将创新的边界拓展至企业封闭研发组织之外，把用户不仅作为收入来源，亦作为创新想法的来源。

数字产品的敏捷开发：更快、更智能地实现产品上市

在当今客户偏好变化速度更快的时代，事实已经证明，传统的产品开发方法越来越不能适应企业的需要了，因为传统方法速度太慢，有关最新客户偏好的反馈太少，而且灵活性不够。在产品生产开始之前产品设计早就已经确定了，而且在大多数情况下，产品上市后就不再会根据客户需求进行动态调整了。

敏捷产品开发方法可以克服上述缺陷，而这正是许多初创企业使用的方法。初创企业注重观察市场趋势和消费者偏好的变化，并且将其发现运用到产品创意中，因此，就会在动态过程中测试和开发产品，与客户进行互动，甚至邀请客户参与到产品的早期设计阶段，然后将产品原型投放到市场上进行测试，而且在产品上市前都可以对其最终规格进行灵活调整。初创企业坚持的理念是产品开发永无止境，会根据客户的反应持续进行完善。

然而，并非所有初创企业天然就掌握了敏捷产品开发的精髓，特别是随着企业的成功、开发团队的不断扩张，敏捷产品开发更是需要一套完善的做法予以保障。下面让我们跟随一款极为成功的社交应用

产品——微信，来看一下他们是如何开展敏捷产品开发的。

微信在其成长的早期，并非真正敏捷开发的典范。在 2010 年到 2011 年的那段时期，微信尚处于初创时期，当时开发团队一共只有 20 人左右，需求管理主要通过 Excel 和邮件往来跟进，每个版本发布的时间也极不稳定，短则 2 周、长则 2 个月，发布时间往往随开发进度不断延期，甚至出现为了等某个功能，让其他所有准备好的功能等待 2 周才发布的情况。只不过，由于团队规模尚小，也不存在跨团队合作的麻烦，团队沟通还相对简单。通过一系列核心功能创新（语音通话、查看附近的人、摇一摇、漂流瓶等），微信依然取得了迅速的成功。

2012 年初时，微信用户已经突破 1 亿大关，开发团队日益壮大，和外团队或外部门合作日益增多。早期的基于 Excel 和邮件管理已经无法延续，产品的迭代更新周期也必须随着产品的稳定而稳固下来。为了更科学地管理开发过程，做到更敏捷的迭代更新，微信团队采用了一系列经典的敏捷开发做法。

首先，是固化开发迭代节奏。采用"时间盒"（time-boxing）的方式限定每个迭代周期的固定长度，每个版本迭代提前确定目标，到期版本交付，延期的需求将不会等待不予发布，而会统一延后到下个迭代进行发布。如此一来，避免了团队扩大后因需求管理混乱、变更频繁、交付延期等各种问题导致产品发布节奏紊乱。微信团队最终选择了 1 个月作为稳定的迭代周期。

其次，是工作分组，并行开发。微信将开发团队拆成三个功能团队：基础开发组、业务开发组、基础优化组（创新小组）。在确定每个月迭代范围后，每个小组分别规划各自的迭代计划（时间小于 1 个月），并行开发，到了迭代最后一周再合入联调。既保证了大的迭代目标和节奏，也保证了每个小组运作的独立灵活创新。

再次，是变通与规则的统一。开发过程中始终存在不确定性和变化，一个迭代的范围可能会面临多次调整，老板临时加入一个高优先级需求，必须加入迭代；一个需求开发延期了，赶不上迭代发布等，诸如此类。充分沟通，是确保灵活应对的有效手段。微信团队保证每周两次的沟通，用来了解迭代进度、调整迭代范围，并及早透明风险。项目经理、产品人员、开发负责人、测试人员等都会参与。与此同时，依然有铁打的规则必须遵照，例如：为了保证每个迭代周期后期测试发布的质量，微信团队规定，从每月迭代的第三周开始，不允许再进行迭代内需求范围的变更。

最后，是充分利用用户反馈迅速优化产品。在每月迭代周期中的最后一周，微信团队都会进行产品"灰度发布"。"灰度发布"是快速验证版本的最好方式，微信为对一小部分用户开放"α版本"进行验证。"灰度发布"阶段的各种产品问题，会得到快速跟进修正，如：App异常退出等信息会自动反馈为产品缺陷，并通知开发测试团队跟进，产品经理也会在此期间充分收集用户的反馈，以便更好地优化产品体验。

除了微信之外，小米公司也是敏捷产品开发的经典代表之一。小米的开发口号是"快速迭代，随做随发"，其背后理念是敏捷开发。敏捷开发的关键信念是：任何产品推出时都不是完美的，完美是一种动态的过程。如果一开始就追求完美，就很容易错过时机，反倒是应该迅速让产品去拟合用户需求，通过升级进化不停推陈出新，不断追求领先体验。"天下武功，唯快不破"，在敏捷产品开发中，产品永远是 Beta 版，永远都要通过快速发布下一版去获得用户的反馈，并迅速做出优化，修正后续的方向（见表 4-1）。

开放式创新：激发世界各地人们的创造力

开放式创新产品研发理念诞生于数字经济，但开放式创新并非数字化公司的"特权"，而是广泛运用到各种产品的创新研发过程中。根据产出形态的不同，开放式创新分为两种模式：

第一种模式是通过开放产品研发过程，吸引外部的技术或人才加入新产品研发中，以增强自有产品的创新性。

第二种模式是通过提供开放式平台，建立围绕自己产品的开放式创新生态圈，吸引更多的第三方开发者或合作伙伴企业，在此生态圈内进行新功能的研制开发，为用户提供更加丰富的服务，实现共赢。

表 4-1　数字产品敏捷开发最佳实践原则

原则	描述
1. 模块化	·产品按照功能属性切分为不同模块，独立开发迭代 ·模块之间通过接口调用等方式实现"松耦合"，降低依赖度和维护复杂性
2. 客户导向	·在产品设计、开发和发布过程中通过多种途径获取客户反馈（如：用户体验"焦点小组"访谈、用户行为观察、"灰度发布"、线上社区讨论等），并指导设计优化和开发修正
3. 敏捷	·应用敏捷开发典型方法（如：快速迭代、持续集成、固定周期发布等） ·与业务充分沟通，及时获得需求更新，甚至共同塑造需求
4. 高效	·优化创意的获取、评估和决策机制，确保产品创意不被遗漏，并以较短的路径完成评估进入实施，及获得必需的资源支持
5. 持续改进	·数字化产品在创新伊始可以以"最简可行产品"（MVP）形式进入开发和发布，也就是用最快、最简明的方式建立一个可用的产品原型，表达出产品最关键想要的效果，然后通过迭代来不断完善，不断与市场需求拟合 ·更新频率随着产品成熟度的提高而降低

　　乐高是较早开始尝试第一种模式的公司之一。作为一个以知识产权为核心的公司，乐高早期对产品研发的过程把控十分严密，Mindstorms 的发布给乐高带来了一次挑战和机遇。Mindstorms 是一个开发套件，包括了可用于开发小型可定制可编程机器人的软件和硬件。产品发布不久，技术高超的乐高用户因好奇侵入了代码，改造了产品，并在网上公布了他们的成果。起初，乐高也考虑过诉诸法律维权，但后来发现他们的改造非但没有破坏产品原型，反而优化了产品的实用性，因此，通过建立产品交流社群，积极开发公开课程等方式，充分调动了具有创新能力的用户的积极性和参与性。当乐高开发新一代 Mindstorms 时，精通科技的用户提议如果有更多传感器的选择，那么机器人就会有更多的设计可能性，并帮助乐高对接了一家专注高科技传感器技术的公司。乐高最终为 MindstormsNXT（新一代 Mindstorms 产品）提供了 12 种先进的传感器，使得其较前一代产品取得了极大提升。

　　与此同时，乐高也将开放式创新的理念应用到核心积木产品研发中。乐高创意平台（LEGOIDEAS），邀请成年和年轻的乐高爱好者参与其新产品设计。用户可以方便注册，提交方案。粉丝对新套件创意进行投票，乐高对投票较高的产品进行审核，通过审核的即可进入生产。此外，为了便于用户以更低的成本、更高的效率完成新产品的设计，乐高还提供了"Design byME"的设计平台，提供 Lego Digital Designer 免费 3D 模型软件，帮助用户快速搭建虚拟模型，成功缩短了产品开发周期。乐高把分布在各地的客户转化为自己的设计团队，迄今为止，已拥有 3 万多套用户自主设计的模型，极大地丰富了乐高的产品体系。

用户的参与是第一种开放式创新模式的核心所在，这一点的重要性，在国内的小米公司案例中尤其明显。小米在产品设计和开发过程中，特别是在其 MIUI 系统设计和开发过程中，将与用户的互动和开放式创新发挥到了极致。MIUI 是小米公司旗下基于 Android 系统深度优化、定制、开发的第三方手机操作系统，早在 2009—2010 年前后智能手机刚开始在国内普及时，MIUI 系统就已经凭借其良好的操作体验和快速的更新完善赢得了大量 Android 手机用户。与很多传统的手机及操作系统开发方式不同，小米在 MIUI 系统的研发中，紧贴用户，通过线上论坛和各种线下粉丝活动，圈住大量用户，让用户在线上充分讨论新发布的系统版本，提出各种改进建议，而小米的研发工程师亦在论坛中直接与用户交互，模糊了企业与用户的界限，让用户从"产品使用者"变成"信息贡献者"并进一步成为"创新过程参与者"，而小米亦从稳定的客户反馈信息流中，源源不断地获得产品优化的第一手灵感，帮助确保产品为市场所爱。

第二种开放式创新模式的代表首推苹果公司，苹果基于 Mac OS X 和 iOS 操作系统，为开发者提供了应用程序编程接口（API），让他们能够访问 Xcode（Xcode 是苹果公司向开发人员提供的集成开发环境，用于开发 iPhone、iPad 等产品的应用程序），进行基于苹果操作系统的应用程序开发。在发布并通过测试后，这些应用程序就可以被放到苹果公司的应用商店（AppStore）上进行销售。这样，开发人员获得了收益，而苹果公司既能获得佣金，又能满足苹果客户的更多元的服务需求。苹果公司清晰地明白，前瞻的产品设计可以吸引用户，但要长久地留住他们，还必须提高其硬件产品的附加价值，而这可以借助生态圈开放式创新有效开展。

国内的微信也像苹果一样，依托庞大的用户基础，开发了"微信

公众号"和"小程序"等开放平台,提供基础的云端架构服务和基本
功能组件,由企业和用户根据自己的需求,开发基于开放平台上的各
种产品应用,打造微信生态圈。

不仅电子/互联网公司,高科技制造公司也在尝试建立自己的开放
式创新生态圈。特斯拉开源其所有专利,目的是让更多的行业参与者投
入到电动汽车发展浪潮中,同时也提高了特斯拉技术标准的普适性(如:
电池充电标准),使它在未来行业标准化制定中处于领先地位。对于特
斯拉来说,为了最大限度推广电动汽车,必须要通过一个强有力的电动
汽车产业链来转化已经习惯了传统汽车的广大用户,而这样庞大体量的
创新难以由一家公司独立完成,必须要借助开放生态共同发力。

想要尝试开放式创新的企业,从一开始就要明确"开放"的目标,
然后需要考虑激励机制,关注创意及解决方案的评估体系,以及创新
网络的建立(见表 4-2)。

表 4-2　开放式产品创新: 关键成功要素

创新网络规划设计	·为开放式创新网络确立明确的目标 ·重新定义与目前合作伙伴的关系,并且建立新关系 ·让开放式创新网络在整个业务价值链上发挥作用
创新合作伙伴管理	·准确定义自己在创新网络中的定位和创新贡献 ·向合作伙伴提供必要支持
创意评估	·在早期就检查产品创意的商业模式稳健性 ·持续评估新创意
创新网络支持	·让顶尖人才来管理创新网络 ·监控创新网络的有效性(如创意产出、通过率、商业化 　成功率等)

4.3　设计思维: 以人为本的创新方法[1]

提到"设计"两字,很多人都会联想到视觉设计师、广告
设计或者是产品界面设计等。但是"设计思维"(Design
Thinking)的内涵并不简单。这四个字里,包含了一套以人为

1　感谢王玮和丁轶群对本小节的贡献。

本的、开放性的创新方法论（见图 4-7）。

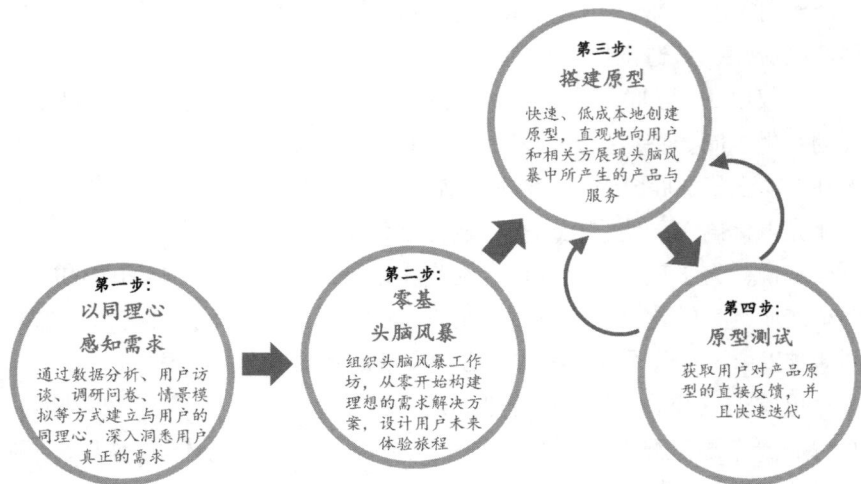

图 4-7　设计思维方法论的四大关键步骤

在人们通常的认识中，创新往往来自天才的灵机一现，但是设计思维建立了一套接近于工程学的方法，用逻辑和方法论解决复杂的不确定性问题，将创新变成了一种可复制的常态。另一方面，设计思维代表了一种积极改变世界的信念体系，帮助人们跳出日常思维的限制来寻找实用和富有创造性的解决方案。有人把设计思维方法类比为一本菜谱，告诉你烧菜的步骤、烧的时间等，虽然每个人用它炒出来的东西都不一样，但只要跟着这本菜谱仔细做，一般都不会做得太难吃。

设计思维最早发源于设计界，自从 2004 年斯坦福大学设计学院把它归纳成一套科学方法论后，借助斯坦福的影响力，设计思维迅速风靡硅谷创新企业。以特斯拉为例，其首席设计师 Franz von Holzhausen 同时担任公司的产品架构师。在特斯拉，设计思维被整合融入到了产品研发的每一个阶段当中，设计师团队与软件团队、传动系统机械工程团队、电池研发团队等一起，参与研发的每一个关键决定。而首席设计师 Franz 坐镇中心指挥，对所有的产品阶段都要负责。正是这样重视设计思维的研发架构，打造出了特斯拉 Model S 的优美曲线和卓越性能，奠定了特斯拉在消费者群体中的巨大成功。

第一步，以同理心感知需求。

创造受市场欢迎的创新产品的前提，是要准确地把握用户的潜在需求。很多企业无法准确地理解用户需求，是造成创新失败的主要原因。为洞悉用户真正的需求，设计思维要求产品设计者以人为本，设身处地地为用户思考问题，甚至要比用户更了解他们自己。福特公司的创始人亨利·福特先生曾说："如果我当年去问顾客他们想要什么，他们肯定会告诉我：'一匹更快的马。'"要达到比用户更了解他们自己的境界，需要产品设计者抛开自己对世界先入为主的假设，从用户的习惯、信仰、爱好等角度建立深度同理心，洞悉用户真正的需求。正是基于对用户需求的同理心感知，福特才能发明汽车流水装配线，把汽车带入了万千家庭。

那么，设计思维是如何以同理心来感知客户需求的呢？主要包括以下三点。

（1）观察：不仅仅是简单的观察用户行为，还需要将自己进入用户的视角，洞察用户为什么这么做，以及了解用户的行为所产生的连带效应。

（2）吸引：重点是吸引用户敞开心扉，尽可能地表达其真实的想法和感受。产品设计者可以考虑以一个潜在用户的身份与用户平等沟通，避免以"旁观者"的访谈方式与用户接触。

（3）融入：要彻底融入用户的实际体验。香港理工大学设计专业的学生在一项为盲人所做的产品设计中，就采用了融入的方法。学生们在设计之前，做了一个"一小时盲人体验"——蒙上眼睛，花一个小时探索周遭环境。在此期间，学生们从一开始的慌乱，到慢慢适应了把自己当成盲人，然后思考盲人真正需要的是什么。他们意识到："盲人会希望我们对待他们一如常人，而不是同情他们。"图 4-8 是其中一位学生所设计的"盲人用的跑步机"：提供了安全的模拟户外跑步地带，帮助盲人享受运动的乐趣。

图 4-8　盲人用的跑步机示意图 [1]

1　图片来源：http://www.youthmba.com/article169，原始出处为一本叫做《创意工具》的书。

　　产品设计者通过同理心感知用户需求，进行分析提炼后，总结出一个问题描述。该问题描述使用简练的语句归纳三个要素：用户、需求、原因，即如何定义用户，其根本需求是什么以及需求背后的深层次原因是什么。

第二步，零基（Zero-based）头脑风暴

　　我们都已熟悉头脑风暴这一激发创新想法的讨论方式，即根据前期定义的问题描述，经由集体讨论尽可能多地构想出潜在解决方案。这一步的首要目的不是为了得到"唯一正确"的方案，而是为了产生最多的最有可能的方案，再通过下一步原型搭建和迭代，从中挑选最合理的。所谓零基，则强调在讨论过程中，忽略现有产品和服务的存在，解除自身思维和立场的束缚，紧紧围绕用户的核心诉求，重新思考并设计未来用户可使用的理想化产品和服务。

　　在这一步，设计思维方法论要求产品设计者遵循以下原则：

- 从零开始，围绕用户需求展开头脑风暴，力图实现最理想的用户体验；
- 不要从现有产品、服务出发进行讨论，并避免预设立场干扰；
- 尽可能多地预想方案，鼓励不同的创意，不要急着判断好或者不好；
- 坚持用图来描述想法，比文字更直观，更容易理解；
- 可以列出方案选择的标准，初步判断各个方案进入原型阶段的优先级；
- 把最佳方案的决定留到下一阶段。

　　谷歌常常使用零基头脑风暴来寻找潜在的解决方案。参会者在理解问题背景信息之后，首先将分享自己的洞见与初步的想法，并将其记录于便利贴上。接着，会议主持人将这些记录与便利贴上的潜在解决方案进行分组，并利用红、绿色小贴纸投票的方式来决定方案的优先级。不过，最后的最佳方案需要经历原型和测试阶段的反复迭代后方能确认（见图 4-9）。

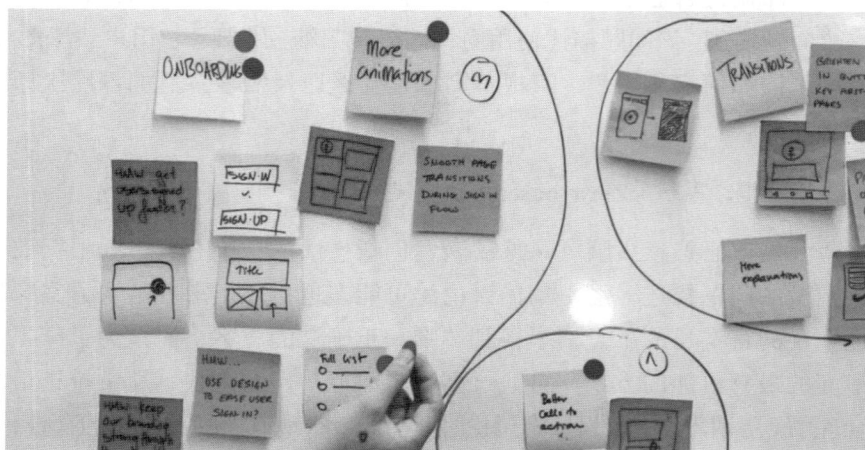

图 4-9　零基头脑风暴用小贴纸投票决定方案的优先级[1]

如果参与头脑风暴的成员相关经验较少，或者在讨论一开始的意见分歧较大，谷歌会采用思考帽（Thinking Hats）的方式，让每个成员扮演不同的角色（如：点子王、乐观主义者、悲观者、技术专家与用户专家等），并模拟该角色的想法来表达观点。这样做的目的在于鼓励每个人抛弃自己的预设立场，转换视角发表意见，让讨论更加多元化。

第三步，搭建原型

乔布斯曾说："人们不知道他们想要什么，直到你把它摆在他们面前。"通过搭建原型，产品设计者可以用最短的时间和少量成本做出视觉化的产品原型，展示解决方案。利用原型，产品设计者可以和用户进行高效沟通，发现并解决设计中的问题，快速迭代优化解决方案。

在原型搭建阶段，应当注意以下原则：

· 尽快开始原型制作，不必精益求精；

· 对各原型选项保持客观，避免过多的感情投入；

· 在迭代初期，应当制作快速、便宜的低分辨率原型；

1　图片来源：https://designtongue.me/google-design-sprint-method/。

· 在迭代后期，需要精致、逼真的高仿真原型，从而尽力获得用户真实的情感反馈。

对于实体产品，可以使用纸板、橡皮泥、旧易拉罐等简易工具快速搭建产品原型。图 4-10 为斯坦福设计学院的学生，在设计思维课堂上利用各种材料搭建原型。

图 4-10　斯坦福设计学院搭建设计原型 [1]

对于数字化产品，如今更有多种辅助工具（如 InVision 等）可以帮助搭建精致、可互动的产品原型。

第四步，原型测试

原型测试是产品设计者确认用户实际需求的最后机会。通过测试，从用户收集反馈，重新审视设计，不断进行优化，甚至有可能需要重新修改原来的问题描述。

在这一阶段，产品设计者需要遵循以下原则：

1　图片来源 :http://www.zhihu.com/question/21481878。

· 展示产品，但是不要去解释，让用户自己去探索产品。观察用户如何使用，包括错误使用，用户交流他们对产品的理解和看到的问题。

· 尽可能创造真实的体验。让用户感觉是在使用产品进行真实应用，而不是仅仅在评估原型。

· 让用户比较多个原型。通过比较，用户会更清楚自己原本模糊的需求。

通过反复的原型迭代和测试，产品设计者将最终确定最佳解决方案，进而将产品从设计推向实施阶段。

设计思维方法论与传统产品研发思维的区别

与传统的产品研发思维相比，设计思维方法论有两大主要的区别点（见表4-3）。

在发掘需求的环节，虽然"用户洞察"一直是商业世界的准则，但设计思维将"洞察"上升到"同理心"的层面。所谓"同理心"，即是做换位思考和体验，是跳出了"旁观者"和"评判者"角度的更深刻的深层次感受。为什么乔布斯从来不做传统意义上的消费者研究，却能设计出打动消费者心灵的产品？苹果产品设计背后的用户同理心，是乔布斯对用户需求深层次洞察的基础。

表4-3　两种设计方法对比

产品设计基本步骤	传统产品研发思维	设计思维方法论
发现需求	通过数据研究、访谈、调研等方式观察用户的未满足需求	建立用户同理心，深度沉浸到用户角度来发现需求
头脑风暴	产品专家、用户专家、技术专家等共同寻找解决问题的方法	避免先入为主的偏见，从零开始构想未来理想情况下的用户体验旅程
搭建原型	快速搭建产品原型	快速搭建产品原型
原型测试	听取用户对原型的反馈，快速迭代	听取用户对原型的反馈，快速迭代

而在头脑风暴环节，设计思维强调"零基"两字，即要求参与者避免从自身经验、能力或利益出发，先入为主地在头脑中设立了解决方案的禁区。为何酒店业内部无法产生爱彼迎这样的行业颠覆者？这正是因为酒店从业者从未真正地从零开始，从用户角度来思考未来体验旅程。

数字化正在改变企业的各项职能

成功的数字化企业会严格地根据客户需求来开发产品及流程。我们已了解到如何从客户体验开始重新开发业务架构，按照数字化理念将产品和价值主张推向市场。由于篇幅有限，本章只能阐述数字化带来的最重要变革，另外还有很多重要内容值得重视，包括下一代客户生命周期管理和新商业模式的采用。

例如，劳斯莱斯公司就从根本上改变了其发动机业务的商业模式，让客户按发动机的运行时间付费，而不是购买发动机，但是该项策略只有在采用了传感器技术和预测性维护的情况下才可能实现。另外，数字化也从根本上改变着采购职能，实际上正在促使企业大力发展全渠道能力，甚至波及 B2B 领域。最后，企业的所有职能都将从数字化中受益。

第 5 章

做什么？
夯实数字化的技术基础

IT 系统要如何改变自己才能应对数字化的挑战？哪些技术可用于海量数据的分析？企业需要何种组织才能在数字化时代获得成功？本章将探讨赢得成功的技术基础。

速度快是数字化时代的标志。快速开发产品、缩短生产周期和快速变革是大多数传统企业将面临的挑战。5.1 节将讨论企业要如何建立自己的双速 IT 架构，包括用于极少需要干预的稳定职能的稳健 IT 系统，以及适用于任何需要快速进行数字化的各项事务的快速"敏捷 IT"系统。接下来我们将讨论数据这一新的金矿，因为大数据和高级分析（非结构化数据的广泛累积及其智能分析）是当今的关键成功因素，这将在 5.2 节中阐述。此外，由于数据失窃可能会危及企业的成功，我们将在 5.3 节中介绍网络安全和数据保护的方法。

5.1 双速 IT：加快数字化转型 [1]

互联网金融是这几年来继电商之后又一个热门话题。各种便捷功能及充满想象力的玩法层出不穷。例如，仅需几分钟登陆几个页面即可在线上开立账户，快速线上审批小额贷款，与朋友线上"组队"购买投资理财产品且享受众筹红包优惠，电子钱包里闲钱赚取货基收益并可实时转出等。这些创新的互联网金融服务对长期以来不满于传统银行同质化产品及低效服务的用户产生了巨大的吸引力，并给许多传统银行业务造成了不小压力。

在观察传统银行应对互联网金融冲击的反应时，我们注意到，过去几年中有很多银行也越来越多地进行互联网业务的尝试，如建立互联网直销银行、搭建具有区域特色的线上商城等。可是，真正成功的案例并不多，众多的银行仍在绞尽脑汁思考应该如何破局。撇开金融监管、资金投入、互联网运营经验等限制，我们发现数字化开发能力也是一个重要的瓶颈：传统银行的 IT 部门和 IT 体系难以适应互联网产

---

1 感谢王玮和丁轶群对本小节的贡献。

品快速开发和更新的节奏要求。

双速 IT 架构帮助企业灵活应对数字化时代业务变革与创新

数字化已经加快了整个商业界的创新步伐，客户的期望值也已经提高，为此，很多行业的企业已经被迫大幅提高 IT 体系对业务变革和创新的支持要求。但是，再造企业的整个 IT 架构总是面临着不可估量的高风险、高投资和高成本，因为如此大范围的变动可能会让企业的订购、计费或会计核算系统在过渡期间面临故障及性能等风险，而且此类变动本身也是成本高昂且旷日持久的过程。与此同时，明智的 IT 经理人提出了双速 IT 架构的方案。

双速 IT 架构包含两个并行的 IT 体系。其中一个体系是"敏捷 IT"体系，往往用于诸如电商 App、会员体系、在线服务等面向客户的前端系统开发和维护，追求敏捷快速、随需应变。各种数据的查询、计算及处理等应用逻辑经由敏捷开发形成一个个可独立维护更新的服务（微服务），并视业务逻辑需要组装成更复杂的业务流程，供不同客户渠道调用（App、官网、合作伙伴系统等）。另一个体系则是"传统 IT"，通常用于诸如 ERP、供应链管理等偏后台的核心系统的开发和维护，注重稳定可靠和成本控制。两个体系之间的数据交换等交互，往往借助一个集成的中间件平台，采用松耦合的方式实现（见图 5-1）。

打造双速 IT 有助于改善企业整体运作效率

建立双速 IT 中的"敏捷 IT"可能是整个 IT 组织敏捷转型的开始。"敏捷 IT"体系通常专注于企业与客户直接互动的流程，以及为了保持竞争力和满足客户要求而需要迅速调整的流程。在很多情况下，"敏捷 IT"体系所倡导的敏捷工作方式甚至会对"传统 IT"体系内的开发及管理人员产生极大的触动，促使他们思考如何优化"传统 IT"体系工作方式，从而加快整个 IT 体系向更敏捷更有效的相应业务诉求的方向转型。

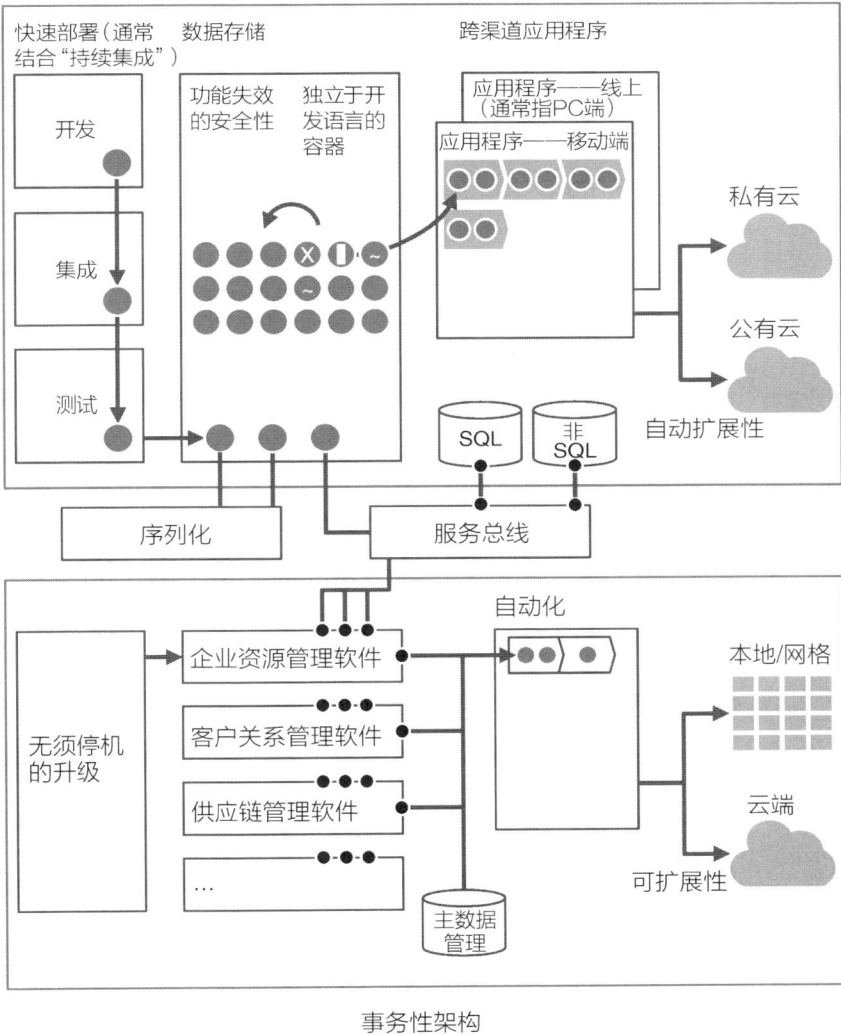

图 5-1　实现双速 IT 的参考架构

　　"敏捷 IT"亦会影响与 IT 互动紧密的业务部门，并倒逼业务向更高效敏捷的方式转变。例如，一家大型银行成功建立了双速 IT 架构，但是该银行很快发现，客户用来转移资金或查询账户信息的应用程序也需要那些提供和修改客户数据的后端系统做出改变。而且，这种转变还需要对交付模式进行改变，以便支持快速的交付周期，同时管控部门间的相互依赖关系。

快速反应的"敏捷IT"架构、数字化产品经理、由创业型人才组成的小型团队和先进的可扩展架构，这些共同构成了亚马逊和谷歌这类企业取得非凡成功的基石。未来，越来越多的传统企业在数字化转型中也可以受益。

打造双速IT架构的三条路径

对于从"传统IT"开始演进的企业来说，大致可以通过三条路径建立起自己的双速IT：

- 路径一：在现有"传统IT"体系内区隔出一部分并按"敏捷IT"模式进行打造；
- 路径二：抛开现有体系，从零开始建设"敏捷IT"；
- 路径三：收购具有"敏捷IT"经验的企业，从而获得相关能力。

旅游集团托迈酷客（Thomas Cook）选择的是第一条路径，该集团将其IT组织中面向客户的流程独立出来，与常规工作相分离，逐步建立起双速IT架构。但要让这一解决方案发挥作用，企业的IT组织中必须已经有值得转型的流程，而且还需要对中间件系统投入大量资金，以便将面向客户的流程与后端系统分离开来。

星巴克选择了第二条路径，从零开始建设自己的"敏捷IT"。该公司由于不能从其现有IT体系中识别出适当的起点，因此就在现有IT组织之外，建立起一个全新的IT组织，来担任双速IT架构中"敏捷IT"的角色。

美国好事达保险公司（Allstate）希望能够很快建立起双速IT系统，因此选择了第三条路径——收购了一家拥有一支擅长敏捷、快速开发的"敏捷IT"团队的公司。这种方法的优势在于，好事达保险公司无须花费大量时间经历旷日持久的转型过程，即可立即着手为客户开发有吸引力的数字化产品或服务。选择这一路径的企业都相信，将所收购的新组织整合到现有组织中所花费的成本会低于选择快速进入市场所产生的额外利润。

对于习惯了传统 IT 运作方式的组织来说，选择前两种路径构建"敏捷 IT"并非易事，需要 IT 部门与业务团队共同努力。在新构建的"敏捷 IT"体系开始产出有价值成果之前，通常建议预留 12 个月以上的前置时间。在此，我们有几个核心观点与大家分享。

第一，建立"敏捷 IT"不等于可以忽略 IT 开发中的一些基本最佳实践。有些企业长期以来缺乏对开发过程管理的重视，加之经常面临开发时间短、经费紧等压力，为了追求开发速度，往往不够重视需求管理、开发代码质量管理等基本工作。在接触到"敏捷 IT"的概念后，更是简单错误地认为"敏捷 IT"就是"去文档化""开发代码质量问题留给迭代慢慢解决"等。殊不知，敏捷所倡导的"快"并不简单等同于省略关键的工作步骤，而是要求 IT 与业务之间增强沟通，以"小步快跑"的方式来应对业务需求的不确定性，避免因沟通不及时导致 IT 开发"一步跨错"。而对于需求管理、代码质量管理等 IT 本职工作，即便在"敏捷 IT"模式下，IT 部门仍需要"独善其身"：需求依然要清晰记录，只不过建议采用 JIRA 等在线协同平台（甚至邀请业务一同参与到需求发布与更新中），开发代码质量依然重要，甚至建议在开发过程中通过程序员配对等方式及早发现代码 bug 等质量问题。

第二，建立"敏捷 IT"不仅是引入 scrum 等开发方法论及流程，也需要关键的技术赋能。从需求分析到开发测试上线的整条链路要实现敏捷快速，有很多环节需要自动化技术的支持，比如"代码质量监控"（诸如 SonarQube 等工具可自动扫描发现代码中空指针等错误）、"自动化测试"（Test Automation，使用脚本和仿真测试数据模拟大规模、复杂场景的系统操作）和"持续集成"（Continuous Integration，伴随频繁的代码更新进行连续自动地测试和发布）。对于许多企业来说，真正需要克服的挑战未必是学习这些技术本身，而是如何使这些技术可以落地并充分发挥其作用。例如，有些企业的系统测试环境缺乏良好管理，测试数据常遭到肆意篡改或删除，导致自动化测试技术无法有效执行。

第三，建立"敏捷IT"需要在IT开发组织内打造"稳固团队"（stable team）。许多企业习惯了以项目制的方式来交付业务需求，特别是那些极大依赖于外包商进行IT开发的企业，久而久之，从需求规划、预算编制到人员组织等都变成以项目为单位来管理。这一模式的弊端在于，很难培养熟悉垂直业务领域（如客户关系管理、产品定价）、具有稳定交付速率且拥有从开发到维护端到端责任感的团队，而这种植根于垂直业务领域的稳固的开发团队，对于更准确的项目交付周期规划，以及以更稳定的生产效率进行产品快速迭代更新，都是至关重要的。建议企业将产品和服务进行垂直领域划分，配置聚焦不同领域的开发团队和产品负责人（Product Owner），并与该领域的业务侧团队（如营销团队）对接，形成更紧密的沟通和协同机制。

第四，建立"敏捷IT"不光是IT部门的任务，更需要业务部门共同参与。在传统IT模式中，业务侧在确认了需求文档后就很少再介入IT开发，直到最后进行用户验收测试。所以，在很多企业内，"敏捷IT"转型，被认为是IT组织内部的事情，而事实上，很多"敏捷IT"转型的失败，恰恰也是因为忽略了业务侧在其中的角色和责任。真正的"敏捷IT"，要求业务与IT一起制订并定期审视IT预算在各个垂直业务领域的分布、规划并定期调整开发维护团队资源的配置，在系统开发过程中，更是要定期（如每周）共同检视阶段性开发成果并讨论下一轮开发的需求或优先级变更。成功建立"敏捷IT"的企业，无不贯彻了"业务共同参与"这一关键方针，甚至在一些关键产品开发上，让业务侧负责人直接成为"产品负责人"，让业务侧意识到，产品开发IT项目的成功最终其实是业务的责任，而不单单是IT的责任。

第五，建立"敏捷IT"关键在于开始行动。不必苛求一步到位的敏捷，也不存在唯一的敏捷最终形态。每家企业因其自身差异及所处行业的特异性，总是存在或多或少的局限，与其无限制地等待理想条件的产生，不如先从引入基本的迭代开发等概念开始，逐步加快IT交付的节奏及与业务侧协同的频率，同时提升IT自身在开发过程管理中的基本功。等到自动化测试等技术应用到位及业务与IT的信任关系进一步增强后，再择机向更敏捷的IT开发及交付模式靠拢。与此同时，企业也应该记住，敏捷本质上是一种精神、一种原则，而不是一种单纯的流程或者工具形式。"敏捷 IT"的落地必须因地制宜，结合企业实际情况调整适配。

5.2 大数据和人工智能[1]

人工智能的爆发点即将到来

自 20 世纪 50 年代"有思想的机器"诞生以来，软件开发人员一直在试图教会计算机如何像人类一样思考。然而，在接下来的几十年里，人工智能的发展却停留在逐步的线性增长上，相关技术的进步也通常伴随着停滞和挫折，原因在于开发成本过高，也缺乏足够的数据量来支持人工智能算法。然而，在过去 10 年中，情况发生了变化。无论是从硬件到软件，还是从数据量到商业应用场景，人工智能都呈现出大规模的增长态势。原因在于：

一是计算能力的大幅提升。领先的半导体厂商及 CPU 和 GPU 企业均将人工智能视作核心目标，斥巨资投入处理技术研发，为人工智能及机器学习打下基础，如单 GPU 的计算速度 3 年内翻了 4 倍，从 2014 年的 1 864 GFLOP/ 秒提升到 2017 年的 7 000 GFLOP/ 秒。

二是机器学习算法精度不断提高。开源平台实现广泛合作，极大地推动了深度学习及其他技术，比如语音识别的准确率将在 4 年之内从 2016 年的 96% 提升到 99% 以上。

三是数据量的急剧增长。近 10 年来硬件存储设备的成本不断降低，以及由机器 / 人工生成，非结构化数据的爆炸性增长，使得年数字化数据产量将于 2020 年达到 44ZB（泽字节）。

四是大数据商业运用场景的大幅增加。高科技巨头企业及风险投资都在追捧人工智能创业公司，使得人工智能应用市场规模从 2015 年的 80 亿美元提升至 2020 年的 200 亿美元。

以上这些重大进展，将人工智能技术推向了"爆发临界点"。

1　感谢霍尔格·许尔特根（Holger Hürtgen）、陈同、宋世研对本小节的贡献。

人工智能将对各类工作和企业产生巨大影响

近年来，在生产线部署机器人变得越来越普遍，算法在 UPS 和亚马逊等多家公司也发挥着越来越重要的作用。通过学习人类的经验，智能机器人现今不仅可完成我们原以为只有人类能做到的事情，而且表现更为出色。各行各业中，原本从事各项工作的人类雇员，如今正在悄然被智能机器人所替代。

为了评估人工智能对各行各业产生的影响，我们开展了一项专门的研究。在该研究中，我们通过考察每项工作内容所需要的五类能力（感知能力、社交和情感能力、认知能力、自然语言处理能力和物理性身体机能能力），评估了美国 800 多种职业所包含的 2 000 多项工作内容的自动化潜力，并将分析范围扩展至全球。

我们的分析显示，不同行业以及行业内不同职位的自动化潜力存在较大差异。例如，在美国，五分之一的工时用于可预测环境下的体力劳动，尤其在制造业及零售业更为如此，故而这些行业的自动化潜力相对较高。然而，专业服务、管理及教务等领域则自动化潜力相对较低。图 5-2 显示了多个行业不同类型岗位的自动化潜力。

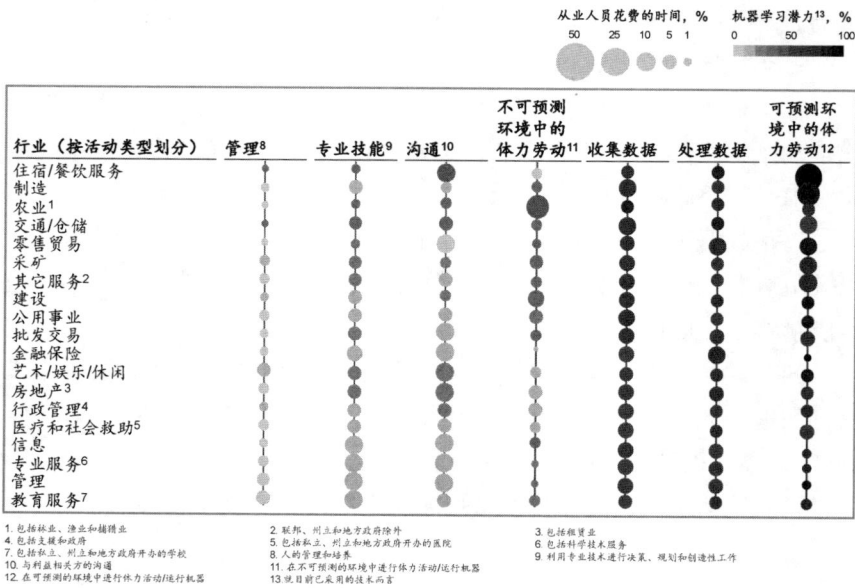

1. 包括林业、渔业和猎捕业。　2. 联邦、州立和地方政府除外。　3. 包括租赁业
4. 包括支援业和政府。　5. 包括私立、州立和地方政府开办的医院。　6. 包括科学技术服务
7. 包括私立、州立和地方政府开办的学校。　8. 人的管理和竞争。　9. 利用专业技术进行决策、规划和创造性工作
10. 与利益相关方的沟通。　11. 在不可预测的环境中进行体力活动/运行机器。
12. 在可预测的环境中进行体力活动/运行机器。　13. 以目前已采用的技术而言。

资料来源：麦肯锡分析

图 5-2　多个行业不同类型岗位的自动化潜力

同一行业的不同岗位之间，自动化潜力也大相径庭。以制造业为例，在可预测环境下的体力劳动岗位，如焊接工、切割师等，其自动化潜力可达 90%。然而，对于销售、客服代表等岗位，由于主要与利益相关者打交道，这些岗位的自动化潜力低于 30%。虽然工资和技术水平与技术自动化潜力呈负相关（整体而言，高工资和技术要求高的岗位，自动化潜力相对低），但并不能一概而论。基本上，所有职业，无论技能要求高低，都有自动化潜力，即使是首席执行官也不例外。我们的调查显示，首席执行官有近 25% 的工作可自动化，主要是决策前的数据与报告分析、审核报告和拟定分工方案等。

《人机共存的新纪元：自动化、就业和生产力》

在全球范围内，现有的人工智能技术，已经可以代替 50% 的现有工作，目前正在开发的可以"理解"和"处理"自然语言的技术能额外代替 13% 的工作。工作场所的自动化触及到了 12 亿名雇员，以工资计算相当于 14.6 万亿美元。四大经济体——中国、印度、日本和美国——受影响的工资支出及雇员占到了全球的一半。中国由于劳动力规模相对较大且产业结构偏向于易于自动化的生产制造与服务业，自动化潜力高达 51%，预计将有近 4 亿名全职雇员受到影响，自动化涉及的薪酬约为 3.6 万亿美元。

我们发现，全球各国自动化潜力相差约 15 个百分点。这样的差异取决于两个因素：一是各经济体的产业结构。制造、酒店饮食等行业的自动化潜力较大，而教育等行业的自动化潜力较小，这些行业在各经济体中所占的比重不同，导致自动化潜力出现差异。二是这些产业在各国的职业结构。在各产业内，生产制造等岗位自动化潜力较大，而管理和行政等岗位自动化潜力较小，这两类岗位所在行业的就业人数也会影响整体自动化潜力。例如，中印两国产业结构偏重于生产制造业，未来自动化潜力高；而美国则偏重于医疗、管理、教育等自动化潜力较小的领域，因此未来自动化潜力相对较低。

在企业层面，我们发现具有规模性的企业，或在核心业务场景使用人工智能工具的企业有着更高的利润率。我们通过对比企业的人工智能部署情况、数字化成熟度及人工智能战略定位，将所有企业分为三类：积极的人工智能实践者、人工智能探索者和传统企业。通过对比不同行业内这三类企业的利润率，我们发现第一类企业的利润率远高于其他两类企业，具体见图5-3。

企业利润率

与产业平均的差值（%）

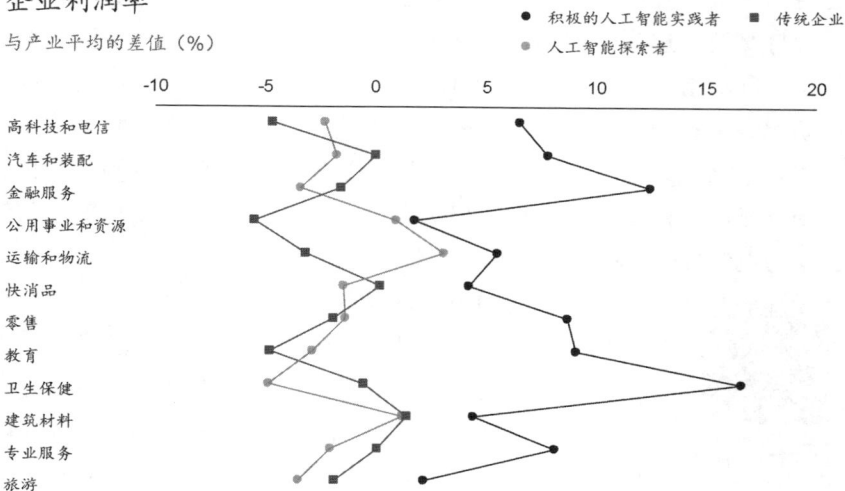

● 积极的人工智能实践者　■ 传统企业

● 人工智能探索者

图 5-3　三类企业的利润率

为何企业在人工智能的应用中取得的收益差异如此之大？在总结大量行业案例后，发现原因来自部分企业应用人工智能的方法不得当，我们将在下一部分深入讨论企业应通过哪些切实可行的措施实现人工智能的价值。

企业向人工智能成功转型的核心要素

很多企业虽然启动了人工智能转型项目，但收益甚微，往往是因为陷入了以下误区或陷阱。

一是过于专注技术。这些企业片面地认为人工智能转型只是一个数据项目，因此全权交于科技部门负责，只关注培养数据分析能力，脱离具体的商业应用场景，业务与技术部门缺乏协作，从而导致转型失败。

二是"煮沸大海"。这些企业专注于整个企业的数据转型，战线过长，追求面面俱到，不根据企业自身特征制定业务场景的优先级，无法实现速赢。

三是研发和落地的比例不当。这些企业把99%的重心放在了模型的研发，只放剩下1%用到模型的落地。用例开发本质上是一个从模型开发到落地的端到端过程，不能顾此失彼。

四是"大跃进"的模式。这些企业往往定下过高的目标，追求一步到位的大规模技术能力提升，而非稳扎稳打的快速迭代模式，导致转型半途而废。

根据我们过往的项目经验，我们认为成功的人工智能企业转型应当包括以下五个要素。

（1）清晰的愿景。转型之旅始于愿景，需要企业自上而下对行业未来有明确的认识。《金融时报》曾采访通用电气首席执行官杰夫·伊梅尔特关于5年后他希望市场如何评价通用电气，他说道："我接管的是一家工业公司，现在成为一家分析公司。"

（2）以用例为导向。失败的转型往往是因为没有把人工智能产品放在具体的业务场景中进行开发，导致开发的产品脱离实际，不能为业务所用，最终被抛弃。因此我们建议任何人工智能产品的开发，必须以实际业务用例为导向，做到以下两步：

首先，确定用例。按照企业业务流程梳理人工智能的各个应用场景。以快消行业为例，人工智能在销售、营销、创新这三个领域有多个应用场景，具体见图5-4。

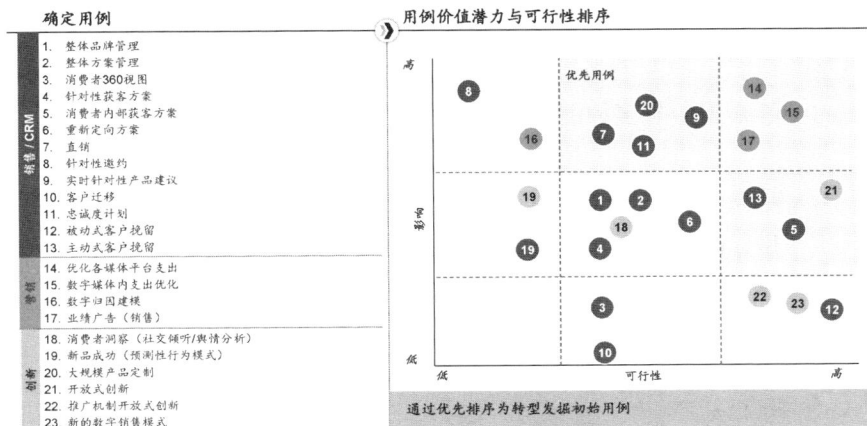

图5-4 以用例为导向进行价值潜力与可行性排序

115

其次，按用例价值潜力与可行性排序。对各个用例价值潜力进行全面的量化，明确企业短板与未来可提升空间；同时对用例进行可行性评估，然后根据这两点建立用例梯队，优先开发和落地可行性高、价值潜力高的用例。以快消行业为例，企业应当首先落地"优化各媒体平台支出""业绩广告""实时针对性产品建议"等用例，具体见图 5-4。

（3）选择合适的组织原型、搭建数字化卓越中心（CoE）。不同企业类型需要不同的数据组织部门实现敏捷的用例开发与落地，常见的有两类。

一类是分散式数据组织部门，即"赋能一线模式"——数据负责部门主要分散在各个业务部门内部，对业务数据负责，与业务人员高效协作；另外有小型的首席数据官（CDO）部门在整个组织内起到促进协调的作用。这种架构较适合自下而上进行创新的科技类公司。

另一类是集中式数据组织部门，即"统筹管理模式"——CDO 配备了一支大型的数据运营团队，负责企业层面的数据治理与统筹开发；另外各个业务部门分散有少量的数据组织，负责管理业务数据。这种架构简化了数据访问权限，有助于提升企业数据质量，较适合业务协同性高并需要统一管控的传统大型企业。

数字化卓越中心（CoE）是推动文化变革和进行人员在职培训的有效工具，他们将与业务职能部门同场办公，负责为各个职能部门的多种问题提供支持，为人员提供在职培训，对潜在用例进行优先排序，在整个组织内推广创新想法和实践，从内部推动企业的文化变革。成功的 CoE 需要包含多种能力及跨领域能力进行的纽带连接，包括：

· 业务能力：业务负责人带领整个组织转型；交付经理负责数据和分析洞察交付，与终端用户对接。
· 技术能力：数据工程师负责收集分析数据、设置数据架构。
· 分析能力：可视化分析师负责实现数据复杂关系可视化，建立报告和看板；工作流整合人员建立互动决策支持工具，实施解决方案。
· 跨领域能力：数据架构师有业务、技术能力，确保现有和未来数据流的质量和稳定性；数据科学家有技术、分析能力，制订同类最佳统计模型和算法；业务翻译员有业务、分析能力，负责高级分析和业务需求间的联系。

同时，应该坚持"一个团队"，业务、技术、分析三部分成员通力合作，以敏捷开发的模式进行工作，保证人工智能产品的快速迭代开发（见图 5-5）。

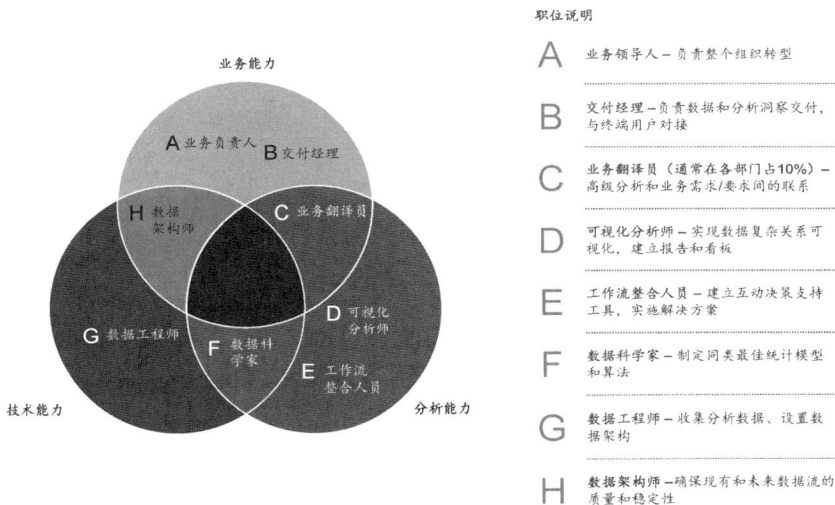

职位说明

A　业务领导人－负责整个组织转型

B　交付经理－负责数据和分析洞察交付，与终端用户对接

C　业务翻译员（通常在各部门占10%）－高级分析和业务需求/要求间的联系

D　可视化分析师－实现数据复杂关系可视化，建立报告和看板

E　工作流整合人员－建立互动决策支持工具，实施解决方案

F　数据科学家－制定同类最佳统计模型和算法

G　数据工程师－收集分析数据、设置数据架构

H　数据架构师－确保现有和未来数据流的质量和稳定性

图 5-5　业务技术分析三部分成员能力合作进行敏捷开发

（4）搭建"数据湖"（Data Lake）。传统的分散式数据仓库按需求逐一搭建链路，包含了很多冗余的区域和重复数据。用例开发时需要到多个后端平台提取数据，不仅速度慢而且容易出现数据的不一致，且大大增加了用例开发的难度。我们建议搭建"数据湖"，将所有数据存储在同一个数据库，整合所有冗余的数据仓库和分期区域，使用例开发提速。

（5）稳健的变革管理。转型过程中将遇到诸多挑战，如各部门诉求差异，思维模式的大幅变化（如业务部门需要承担数据质量责任），需要全新的职位和能力（如招募数据科学家、数据翻译员等），需要长期的大量投入，需要快速响应和频繁调整计划的能力以适应快速变化的市场环境等等。因此，需要设立变革管理办公室，通过稳健的变革管理才能确保企业成功的人工智能转型。

总结起来，企业的人工智能转型不是简单的"先到先得""一蹴而就"，而是需要一套完善的方法论做指导，依靠整体统筹与跨部门的紧密合作才能顺利落地，最终让人工智能为企业带来实际的价值提升。

5.3　网络安全：安全数字经济的艺术 [1]

2016 年，在孟加拉国央行加入全球银行通信网络 Swift 后，一伙神通广大的黑客用恶意软件将孟加拉国居民的汇款转向了其他账户，导致该央行损失达 8 100 万美元。一年前，黑客也入侵了索尼影业的服务器，并且公布了该公司执行董事的薪酬及员工的详细个人信息，此外，黑客还试图强迫该公司取消发行讽刺朝鲜最高领导人金正恩的电影，但未能成功。2014 年，一群黑客窃取了大众汽车电子钥匙内信号传送器的代码，这些代码可以用来打开车门并启动发动机，是窃车贼的绝佳工具。

虽然上述事件只是大量黑客事件中的三个例子，但足以暴露数字经济体的脆弱。目前，我们面临的网络安全风险是相当严峻的。据麦肯锡估计，如果企业和政府不采取有效应对网络威胁的措施，那么截至 2020 年，全球因网络安全而产生的损失将高达 30 亿美元。而且，随着经济体数字化程度的日益提高，网络攻击者也能找到更多的攻击切入点。

网络攻击者会出于不同的利益从不同方面发起攻击，在有些情况下，某些民族或国家会是网络攻击的幕后黑手，或是想窃取信息来促进本国经济的发展，或是想削弱其政敌的势力；竞争企业有时也会发起网络攻击，以窃取其竞争对手的技术并据为己有，或者只是为了显示其竞争对手对敏感数据的保护不力，使其名誉扫地。另外有些黑客组织则拥有一系列意向目标，这些"激进黑客"可能想要揭露目标企业针对他方的非法活动，或者推广自己的观念，包括反资本主义、民

1　感谢詹姆斯·卡普兰（James Kaplan）对本小节的贡献。

族主义和生态政策等。而有些网络攻击者只是单纯为了证明自己的技术实力。此外，网络攻击还可能来自组织内部，包括受挫的、被收买的或是受自身良心驱使的员工。

实现网络弹性的七项措施

在一项对全球经理人的调查中，三分之二的受访者认为网络攻击会带来严重的问题，并且可能会产生重大的战略影响，只有5%的受访者认为自己的企业有能力实施该调查中列出的六种防范网络攻击的方法。此外，有80%的受访者担心黑客的学习速度比企业更快。而且，防范网络攻击的应对措施可能会对业务产生不利的连锁效应，例如，安全措施会将移动端新功能的发布时间平均延长六个月。约四分之三的受访者还表示，网络安全方面的要求导致数据分享速度放缓，因此企业前线员工的效率已经出现了下降。

现在，人们普遍认为，以前的安全模型已经不堪重负。直到2007年前后，此前疏于管理的IT部门才建立起了具有严密流程和可靠设施的安全网络，尽管如此，目前这些安全网络的漏洞还在日益增加。为了应对当前的风险，需要一种在流程设计阶段就制定安全措施的解决方案。企业应对风险的最佳方式是采用旨在实现网络弹性的程序，其中"弹性"是商业科学从进化生物学中借来的一个术语，是指系统承受破坏、冲击的能力，以及在遭受破坏、冲击的情况下仍保持运行的能力。企业可以通过七项措施来实现网络弹性（见表5-1）。

通过布局适当的IT安全架构和正确应用这七项法则，企业可以建立起应对网络攻击的强大抵御能力。

（1）优先级列表：哪些数据面临最大的业务风险？

只有很少企业对哪些业务数据最重要有着清晰的认识，因此，企业的安全团队首先就需要与管理层合作，梳理整个业务价值链，评估其中存在最大风险的环节。新产品设计数据、自学习制造流程数据和敏感客户数据中，哪种数据的丢失会导致最大的信誉危机？

表 5-1　现在，企业可以通过七项措施，将网络安全变为业务中不可或缺的部分

	举措
1. 邀请管理层参与，对各种数据资产及相应业务风险进行优先级排序	业务
2. 通过展示数据资产的价值来动员一线员工参与进来	
3. 将应对网络攻击的措施集成到跨企业业务流程中	
4. 将事故应对机制集成到所有业务功能中，并且通过实际测试进行改进	
5. 将事故应对机制集成到所有业务功能中，并且通过实际测试进行改进	一般 IT 系统
6. 对最重要的资产采用差异化的保护措施	网络安全
7. 采用主动防御系统，实时应对网络攻击	

　　银行和保险公司多年来都采用这种方法来评估自身风险，被称之为"皇冠之珠"项目。该方法也应当适用于诸多其他行业。

　　（2）客户经理必须成为安全团队的一员，要认识到数据是企业资产的一部分。

　　只有那些使用数据的员工才会真正理解数据的价值，从而重视网络安全问题，这也是企业需要对员工进行网络安全培训的原因。

　　早在 2002 年，微软公司创始人比尔·盖茨就亲自负责安全问题，他在一份致全体员工的紧急提醒中表示，产品安全绝对是第一要务，如果要在给新产品增加更多功能与让产品变得更加安全之间进行选择，那么必须选择后者。2003 年，盖茨在微软公司推出"周二补丁日"活动，持续修补其软件产品的安全漏洞。

　　（3）网络弹性成为风险管理的一种手段。

　　网络安全性是企业风险的一部分，企业必须将网络安全当作风险因素进行管理。而且，企业必须将网络攻击的风险评估纳入到其他风险评估中，并将评估结果向相关管理层成员报告，在高管层中进行讨论。

　　为了确保网络弹性，网络防御措施必须成为企业流程规划的组成部分。例如，在工业 4.0 和工业互联网时代早期的 2012 年，通用电气

公司就宣布，要让安全组件成为其机器、软件和网络设计中不可分割的部分，该公司还在 2014 年收购了专业安全公司 Wurdtech，以增强企业的安全技能。

（4）网络战争游戏：持续测试安全防御系统。

对企业来说，与其坐等恶意网络攻击，不如在这之前就请专人来进行模拟攻击，以发现企业 IT 系统中的薄弱环节。美国联合航空公司就采取了上述方法。通过"漏洞奖励"计划，该企业向能够发现其程序漏洞的黑客提供免费航空里程。巴克莱银行甚至设立了一个专门的内部黑客部门来攻击其 IT 系统，及时修复漏洞。而一家欧洲电子集团的 CEO 甚至花了两天时间参与了对该集团的模拟网络攻击。

已经意识到网络安全重要性的企业也需要演习应对强大网络攻击的紧急措施。因为如果企业数据泄露为公众所知，错误的应对将会产生严重的后果，为此，不仅 IT 经理，营销、客户服务和公共关系部门都必须制定正确的应对预案。

（5）安全技术：IT 架构中不可分割的一部分。

操作系统、通信日志和应用程序是 IT 架构中的重要组成部分。如果这些部分由于配置、测试和维护不佳而给潜在网络攻击提供可乘之机，那么它们都有可能引发安全风险。无论是硬件、中间件还是应用软件，IT 架构中所有的组成部分都必须考虑安全要素，并且在开发过程中应当对安全要素的弹性进行持续测试和调整。所有这些组成部分汇集起来意味着大量的潜在安全问题，只有通过持续的测试和维护才能发现。

鉴于快速数字化的发展趋势，很多企业最近仓促地引进了一些新技术，但对这些新技术缺乏必要的管理能力，也不了解其与现有 IT 架构的兼容性。同时，企业也将原有 IT 系统的维护预算转移到新技术的建设上来，这一举措在业务上看似合理，但是通常会对 IT 架构的中期安全产生严重影响。

一项重要的安全措施是在系统中设立独立的安全区。例如，一家欧洲运动服装制造商设立了"运动专区"，以便在其中迅速开展在线推广活动。得益于该运动专区与现有系统相互独立的特性，如果其出现安全问题，就可以迅速关闭，甚至删除，保证企业其他系统不会受影响。

另一个关键因素是安全要素的责任归属。问题通常存在于企业内部，IT部门、安全部门和产品开发部门在安全责任纠纷上耗费了大量的资源和预算。安全技术应该是每个企业治理中的第一要务，例如，通用电气公司就坚持让其董事会承担起IT安全职能，并且定期对各事业部和总部进行系统安全审计。通用电气公司软件部门负责人比尔·鲁哈（Bill Ruh）表示："在通用电气，我们非常重视软件平台的安全性，保护关键的基础架构要素，以保证我们的客户进行安全可靠的线上交易。"

（6）保护级别：不是所有的数据都需要相同的保护级别。

腓特烈大帝非常精通进攻与防御，他曾说过"处处设防等于处处不设防"。同样，企业也要通过采用复杂程度不同的加密技术或者设立不同强度的密码，根据各流程的轻重缓急采用相应的保护级别。

例如，银行对其网上银行客户的常规查询只采用标准验证程序，但是，如果客户想要转移大量资金，或者进行特殊交易，银行则要向该客户发送额外的短信验证码进行验证。

（7）最好在网络攻击发起之前就进行积极防御。

在大多数情况下，企业可以从内外部渠道获得有关潜在网络攻击的大量信息。基于这些信息，企业要在未来有能力建立风险档案及构筑针对性防火墙。一旦有了这些保护措施，企业就能建立起良好的防御以抵御网络攻击。例如，在2011年，防务集团洛克希德·马丁（Lockheed Martin）公司就发起成立了旨在早期发现网络威胁的Nexgen联盟，该联盟的网络合作伙伴云计算公司EMC通过收购NetWitness公司强化了该联盟，NetWitness是一家专注于实时网络追踪、自动分析网络威胁及提供防范非法网络入侵措施的专业公司。

为了加强网络安全，贯穿整个企业的负责人都要参与到安全建设中来。运营经理负责评估哪些数据最有价值，合规官负责评估在客户数据丢失时可能引发的风险，人力资源部门负责设定员工的各项数据访问权限，采购部门负责与需要接入本企业 IT 系统的供应商协商安全要求。为了协调如此复杂的工作，最高管理层必须全权承担安全责任。

如同第二次世界大战中的 Enigma 密码机，网络安全是一场编码与解码、加密与解密之间永恒的竞赛，如今这场竞赛比以往任何时候都要快，对技能的要求都要高、都要精确，也没有妥协的余地，因为企业价值链向数字化转型已经势不可挡，网络攻击者的潜在收益也日益提高。

企业管理者要扪心自问的问题：我们现在处于哪个发展阶段？

在第 3 章中，我们解释了为什么所有企业都需要数字化的理念。在第 4 到第 6 章中，我们介绍了数字化转型要做什么，介绍了最重要的新兴经济生态系统，解释了企业要如何改变其业务架构，并且阐述了企业必须如何基于技术和组织建立数字化的基础，此外还通过数字化开拓者的创意、概念和实例展示了其他企业实施数字化的情况。

作为管理者，数字化现在就取决于你的决定：贵公司所在行业中的哪些领域出现了新的生态系统？贵公司的业务结构中是否潜藏着一些通过运用数字化和高级分析能够挖掘的效率潜力？贵公司是否已经使用了最先进的技术和安全敏捷的 IT 系统？贵公司是否拥有适当的数字化人才？贵公司是否正在投资建立有针对性的战略伙伴关系？请花时间进行自我诊断，你的答案会揭示贵公司的不足，并且为掌握下一章的内容做好准备，接下来是如何实现数字化部分：如何制订数字化转型计划，对于向数字化模式的成功转型如何进行监督，以及如何在整个企业推广数字化，即 Digital@Scale。

企业管理者自测: 做什么? 管理层自我评估的关键问题

按同意程度给出1(非常低)~5(非常高)的评分

			1	2	3	4	5
构建新的生态系统	1	竞争对手是否正在利用新技术攻击本公司的业务模式?					
	2	本公司是否正在充分挖掘数字化技术的潜力,从而实现自身的再造?					
	3	在传统行业之间的交界地带是否出现了新的利润池?					
确立业务架构	4	我们是否充分把握住了数字化机会,正在从根本上改善客户体验?					
	5	我们正在快速进行全新产品的开发,从而足以实现赶超?					
	6	我们是否正在充分挖掘数字化与高级分析技术在效率提升方面的潜力?					
强化技术基础	7	我们目前采用的技术和IT系统是否非常先进?					
	8	我们是否建立了敏捷的扁平组织架构? 我们是否提倡企业家思维?					
	9	本公司对于新兴数字化技术人才是否有吸引力? 我们是否正在有针对性地建立合作关系?					

第 6 章

怎么做？数字化转型的过程：
全面计划到规模化系统推广

在前面的章节里，我们已经了解到，数字化不是可选项，而是关乎企业生存的必选项；同时，从新的生态体系、新的业务框架，到新的技术基础，我们已经看到了数字化的多种可能性。现在，我们应该开始行动，真正着手实现企业的数字化转型。

本章将介绍数字化转型的完整过程。从创建全面的转型计划开始，到启动数字化运营系统，到推出第一个试点项目，再到将成功的试点项目迅速地全面推广，我们将对数字化转型过程中的关键阶段进行深入讨论。

同时，我们将讨论转型过程中企业所要重点关注的原则，包括以客户为中心、以速度为目标、以信息技术为武器等。这些原则在企业的转型过程中所起到的积极作用，能使企业在客户体验、企业流程等数字化再造的过程中推进得更为顺利。

在本章的各小节中，我们将回答以下问题：

· 创建数字化转型计划：我们是否为企业的数字化转型制定了全面的计划？
· 切换到数字化运营体系：我们如何通过数字化运营体系让业务运营得更快？
· 以速度为指导原则进行规模化推广：我们将如何系统、有力、迅速地对数字化转型进行规模化推广？
· 以客户为中心：我们如何将客户放在数字化转型的核心位置？
· 以信息技术为武器：我们如何将信息技术作为转型中强有力的武器？

6.1 创建数字化转型计划

计划的创建是数字化转型必须迈出的第一步。数字化转型通常是一个持续数年的漫长过程。转型计划将覆盖这整个过程，明确转型任务、指导转型方向、控制实施节奏，以及解决各方面能力的平衡问题。

数字化转型计划和传统的企业计划不同，它不仅是一个结构清晰、分工明确的工作路线图或计划表，更是一个从数字化战略开始，包括目标、定位、合作伙伴关系、关键核心能力等在内的，既有战略高度，又有覆盖广度且有实操性的全面的转型蓝图。

确定赛道，打开竞争格局，搭建新的护城河是转型计划的重要战略起点。数字化绝对不是信息技术部门专属的工作，也不是企业内若干个部门共同承担的任务，而是会触及并改变企业的各个方面，且事关整个企业的战略性任务。因此，我们需要从大处着眼，进行全面思考，尽早在全局层面找到缺口，并根据价值贡献度进行优先排序。

从大处着眼

数字化转型计划的创建，是以战略作为起点的。从传统企业的视角来看，与业务相关的战略通常会占据主导地位，而数字化战略（或者说信息技术战略）则被定位于支持业务战略实施的决策。但在数字化转型过程中，数字化战略将会上升到更高的高度，引领业务转型，并给企业带来颠覆性改变，从而让企业在面对外部环境剧变的冲击下仍能保持发展。

在迈入新千年之际，报纸出版商们经历了前所未有的危机。随着互联网的蓬勃发展，房地产、汽车和招聘的广告都被全部转移到了互联网上，报纸出版企业的利润空间被大幅压缩。早在 1964 年，加拿大媒体分析师马歇尔·麦克卢汉（Marshall McLuhan）就曾指出："报纸出版商对分类广告的依赖性太大了，会使其处于危险之中。一旦其他媒体跟进提供此类信息，报业的商业模式就将崩溃。"果不其然，互联网的出现，让报业的商业模式面临崩溃。

在集体陷入困境的报纸出版商中，阿克塞尔·施普林格集团是另类的。他们用了 10 年的时间，将自己彻底改造成了数字化企业。施普林格集团的转型，是整个企业战略的转型，在数字化战略的引导下，从生态系统、业务架构、基础设施等所有层面全部实现变革。具体包括：

· 战略：从传统报纸出版商转型成数字化泛传媒集团，通过兼并收购构建传媒生态系统，重塑业务架构以完成数字化转型。

·生态系统：依据周密的计划，收购了约 70 家数字化企业的股权，其中包括：成功的在线广告门户网站，成为分类广告的新霸主；商业门户网站"商业内幕（Business Insider）"，即所谓数字时代的《华尔街日报》。同时，对收购资产进行整合，建立了首个横跨印刷、电视和网络三个平台的传媒生态系统。

·业务架构：通过提供订阅服务，打破了在线提供的新闻内容应该免费的观念。在 2016 年，有 30 万以上的订阅者以月付费的方式来订阅文章和观看视频。同时，通过寻求外部联盟的方式，不断创造新的业务模式。比如，与三星集团进行合作，为韩国智能手机用户提供有吸引力的新闻门户。

·基础设施：建立阿克塞尔·施普林格即插即用型创业加速器（Axel Springer Plug and Play），作为新数字化初创企业的孵化器。施普林格集团为初创企业提供 2.5 万欧元的初始资金、三个月的办公空间、导师和技术支持。如果业务发展良好，该出版社还会提供进一步的资金。截至 2016 年，这家出版社已经获得了 70 多家前景良好的年轻初创企业的股权。

如今，施普林格集团每月有 2 亿用户，在用户覆盖面方面成为世界第六大媒体集团。通过数字化转型，不仅成功地渡过危机，还将危机转变为机遇，一举奠定了在行业内的优势。

从施普林格集团的例子可以看出，数字化转型的计划，必须具有战略的高度、业务覆盖的广度，以及时间的跨度，且需要将纷繁复杂的各项举措通过战略思维和结构化的方式有机地整合在一起。短期思维和简单地优化孤立的解决方案很难帮助企业完成数字化转型的艰巨任务。

全面思考

要想将企业转型为适合数字化未来的企业，以零碎的方式思考是行不通的。如果只寄望于把孤立的数字化项目的成效扩大到整个组织，那么传统的竞争对手将超越你的企业，而新的竞争对手甚至可能已经征服了市场。数字化转型计划必须基于全方位的视角，在企业的所有层面上实施。该计划必须将企业引入新的生态系统当中，实现企业业务架构的现代化，为迎接未来的数字化挑战奠定技术和组织基础。

我们常说，现代化的战略方法是最佳起点，但是，"现代化"从何而来？现代化战略不是守着办公桌闷头起草出来的，也不是在象牙塔中钻研理论创造出来的，而是需要挖掘新的想法。因此，在数字化转型计划的开始阶段，企业就应该全面而深入地探索新的思路。

20世纪90年代和21世纪初，创新的对标方法是新思路的主要来源。时至今日，已经有越来越多的灵感可以从其他渠道获得。比如，观察新兴企业的亮点，寻找与之合作的机会；和真正的企业家沟通，了解他们对行业未来的观点等等。新生态系统在传统行业之间兴起，通过新技术实现起飞。初创企业也无处不在，它们背后真正的企业家也无处不在，有时甚至就在你的身边。找到他们，与他们进行联系，甚至去拜访他们吧。

找到令人心动的新企业非常容易。例如，看看麦肯锡所举办的创业大赛的决赛入围企业名单就可以了，这些名单中包括数字50强（覆盖整个欧洲，与谷歌和火箭互联网合办）和"火花"（The Spark）。在这些初创企业中，一些企业已经具备了改变企业所处生态系统的潜能，其中之一或许能成为企业的合作伙伴、能带来顶尖人才，甚至有可能成就一笔令人瞩目的收购业务。

获得灵感之后，我们在计划中需要考虑相应的业务架构和基础设施的变革方式。在业务架构变革中，基于客户的行为模式分析，通过多渠道的方式，为客户提供他们真正想要的产品或服务，同时推动产品创新。在基础设施变革中，通常在供应链、生产和服务方面的需求更为迫切，其中典型的问题包括：何种算法能实现预测性维护的最大潜力？何种传感器会改善供应链？

在一系列变革计划的可选项中，凡是涉及数字化技术的部分，以往的演示、研究和评估方法已不再能充分体现这些新技术的全部影响力，而需要通过新的可行性研究或概念验证的方式进行确认，包括建立产品原型、小范围流程改进试点验证等。

总而言之，全面地获取现代化战略的灵感、寻求外部合作、思考与之相应的业务架构和基础设施的变革方式，并进行可行性研究和概念验证——这些对于创建数字化转型的计划来说至关重要。

在整体计划完成之后，问题的焦点会从"做什么"转变为"从哪里开始"。想要做出决定，我们需要从以下正反两个角度进行评估：

（1）按价值的贡献度评估。数字化转型的范围如此之广，该做的事情千头万绪，我们应该首先处理哪个环节？第一种方式是正向视角，按价值的贡献度进行优先级排序。管理层需要在计划阶段，对企业整体价值链中的所有环节进行评估，哪个环节应该采用什么措施，获得多大的收益，在什么阶段将付出多少成本，综合而言，能够产生多大的价值贡献？各环节的价值评估应该以前瞻性的视角来进行，而非基于企业现状。我们需要充分考虑价值链在企业进入新的生态系统、进行业务架构和基础设施改革之后，所能收获的最大潜力价值。例如：通过大数据和高级分析，增强对客户需求的理解，从而产生更高的回报。以我们的经验来看，通常价值的贡献度最高的环节会出现在生产或物流企业的数字化转型中。

当然，以价值评估的方式对决策进行优先级排序并不容易。毕竟，企业在数字化转型中常常会进入新的领域，这些领域的经验是无法在短时间内获得的。因此，确定企业当前能否开展数字化转型同样十分重要。在很多情况下，转型计划中时间表的制定最终会取决于可用的人才何时到位。数字化人才的招聘和培养问题，我们将会在后文中专门介绍。

（2）按风险缺口的重要性评估。第二种方式是反向视角，确认自己可能被颠覆最大的风险敞口和能力短板。在创建计划的过程中，无论在哪个领域发现了有危险性的缺口，都需要快速采取行动。2016 年，麦肯锡的一项全球性调查发现，有 86% 的 CEO 认为自己的企业在大数据和人工智能方面仅取得了少量成功，而有 25% 的 CEO 甚至认为自己的企业在大数据和高级分析方面完全是失败的。

作为优化数字化产品和服务的主要方法，大数据处理和高级分析是许多企业的数字化转型的重要组成部分。如果企业在这方面存在能力的缺口，它们必须果断而迅速地投资建设这类技能，或者通过外部合作的方式弥补短板。例如，电梯制造商迅达（Schindler）为了加快建设数据分析、人工智能和机器学习等方面的能力，与通用电气和华为建立了合作伙伴关系，使能力缺口问题得到了快速的解决。

再比如，奥地利珠宝制造商施华洛世奇在转型中面临的第一个风险缺口，是其生产过程缺乏敏捷性。施华洛世奇在确认该缺口的重要性后，迅速投入将近 500 万欧元的资金和 5 万个工程小时，将一条生产线改造成为能够以较低成本加工小批量订单的敏捷型生产线。目前，他们的数字化产品组合中已包含了很多的品类，能够满足更多客户的个性化需求。

西门子公司的转型，面临的是合作伙伴管理关系方面的能力缺口，尤其是与初创企业的合作方面。针对这个问题，西门子在 2016 年成立了 next47 部门，作为其数字化转型计划的一部分。西门子称该部门为创业部门，该部门已经获得了 10 亿欧元的资金用于未来 5 年的发展——支持年轻的创新企业，并收购其股权。这一部门主要专注于人工智能、自动化机器、非集中供电、互联移动和区块链应用等领域，成为西门子数字化转型中重要的推动力量。

从以上案例中可以看出，在计划创建的过程中，找到企业能力的缺口，通过迅速和果断的决策和动作弥补缺口，能让企业在之后数字化转型的推进中获得真正的实效。

6.2　切换到数字化运营体系

计划创建之后，是时候开始运营层面的改变了。在计划的实施过程中，切换到数字化运营系统是其中的重要步骤，其核心三要素为：①发展快速概念迭代的能力；②建立以数据驱动的里程碑运作机制；③将预算与里程碑挂钩。

发展快速概念迭代的能力

快速的概念迭代是史蒂夫·乔布斯相信的理念，他在 2007 年推出的第一款 iPhone，仍在使用速度缓慢的全球移动通信系统（GSM）

传输标准，而他的竞争对手却已经在使用更快的通用移动通信系统（UMTS）。不仅如此，最早的 iPhone 甚至不能接收用于卫星导航的全球卫星定位系统（GPS）信号。可是，这些不足都无法阻挡 iPhone 成为颠覆手机行业的明星产品。这就是数字化时代下最简可行产品（MVP）的成功案例。

最简可行产品，指的是只提供仅具有核心功能，而暂时省略其他功能的产品。最简可行产品成功的关键，是它至少会解决一个客户的痛点，或者说是客户体验中的一部分市场的空白。iPhone 所击中的客户痛点，一是人机交互的方式，通过触摸屏替换数字键盘，彻底提升了人机交互的客户体验；二是手机软件的生态系统，通过 iOS 系统，越来越多的 iPhone 应用程序很快被相继推出，极大地提高了苹果手机的吸引力。

因此，虽然 iPhone 在推出时有许多功能性的缺陷，但仅靠这两大痛点的解决，就迅速地抢占了市场。在此之后，苹果便有了充裕的时间和足够的客户支持，通过概念迭代的方式，逐步解决原有产品的功能问题。而且，在迭代的过程中，被明星产品所吸引的客户有足够的兴趣参与到改进工作中来，苹果工程师几乎实时地将客户的反应和评论反馈给开发人员。结果众所周知，苹果公司创造了世界上最受欢迎的智能手机。

采用最简可行产品和快速概念迭代的方式，可以避免单纯基于假设、成本高昂又旷日持久的开发工作，既能节省成本，又能为抢占市场争取时间。同时，该方式还能让客户充分参与到产品创新中来，确保客户的需求能被真正地满足。如美国创新大师史蒂夫·布兰克（Steve Blank）所鼓励的，企业在产品开发过程中应将客户视为合作伙伴，尤其是应该将产品的早期使用者视为有远见的同类人，并加以充分利用。

我们建议追求数字化转型的企业采用最简可行产品方式和快速概念迭代进行产品创新，这意味着企业工程师和设计师要抑制自己不懈追求完美的欲望。与之同样重要的，企业需要为自己产品的初始版本识别一个特定的痛点，这并不容易，但必不可少。

德国汉莎航空公司在办理登机手续流程的数字化中，采用了最简可行产品模式和持续迭代的方法，以满足客户需求和技术可能性。他们所聚焦的核心痛点是航空业的缺陷之一：在办理登机手续的柜台前排队。

针对这一痛点，汉莎航空首先安装了办理登机手续的机器，并安排员工在旁友好地帮助遇到问题的乘客。客户们自然欢迎这项服务。接下来，这家航空公司向客户提供了一项新的选择——客户可以通过个人电脑完成登机手续并自行打印登机牌。毫无疑问，这项举措再次受到了客户的欢迎。再往后，随着智能手机的普及，汉莎航空公司的服务进一步升级，客户只需简单地扫描自己智能手机上的登机牌就可以登机了，连用电脑和打印机的步骤也省掉了。

从这个案例中我们可以看到，概念的持续迭代，是不断保持并提高客户满意度的重要手段。正如过去的精益制造一样，持续改善是数字化时代的主旋律。汉莎航空的竞争对手荷兰皇家航空公司，使用脸书即时通（Facebook Messenger）上的聊天机器人作为客户沟通和互动的新渠道。这项服务也意味着荷兰皇家航空能够通过脸书向其乘客提供更加个性化的服务，比如让乘客们接收到推送的通知，告诉他们现在可以办理登机，或者向他们通知任何变动情况。显而易见，对于汉莎航空来说，登机手续的流程，仍有持续改善的空间。

以最简可行产品方式和快速概念迭代为核心的数字化运营体系，在重新开发或改善其产品或流程时，应该充分运用设计思维。设计思维指的是：设立跨职能团队，采用设计师的惯用方法，包括观察、理解、开发创意、快速转化成原型（快速原型技术）、在市场上进行快速测试、立即将客户的反应更新到产品中去。这一方法的目标，是尽快针对某个客户痛点开发出一个简单的解决方案，对客户来说既简单明了，又行之有效。

基于这个原则，产品或流程的客户界面必须尽可能简单直观。今天的移动应用程序有可能会在未来变成基于语音的界面，例如，亚马逊的 Alexa、谷歌的 Home、苹果的 Siri 等语音助手，都提供了简单直观的输入选择，这比屏幕和键盘要容易得多。再比如，在线零售商已经开发出新的结账流程，让客户轻轻点击就能完成购买，亚马逊和京东都已经提供了这种结账流程，如一键支付、重复购等。此外，还有许多将客户需求融入创新设计概念的例子，比如小米的手机、MIUI 操作系统以及一系列周边产品的推出和优化过程，都充分保证了足够多的用户参与其中。

　　要想使设计思维在创新和产品开发流程中扎根，管理层自身必须理解这些技术，最好还要拥有相关经验。一个很好的起点就是参加黑客松（Hackathon），与团队一起参与改善数字化流程的活动。在团队活动中，如下方式很有效：让一位团队成员（例如经理）扮演客户的角色，并经常从客户的角度发表意见。尽管所有的企业都声称要以客户为中心，但是更多的情况是，客户的意见只是在产品开发流程的结束阶段才会被听到或被考虑到。

建立以数据驱动的里程碑运作机制

　　在整个数字化转型的计划中，企业会制定一系列重要的里程碑，从提出概念和设计第一款 MVP，直至产品上市和推广。里程碑的概念在传统企业的运营中同样存在，不同之处在于，数字化企业的里程碑运作机制，更依赖于数据的驱动。

　　数字化企业的标志，是建立以事实为基础的假设条件，并在数据驱动下制定决策。要想确保决策的准确性，就需要收集足够的数据，无论是自己产生的，还是从第三方购买的；同时通过合适的数据分析方法，以及数据驱动的决策机制，在每个关键里程碑节点上，让企业做出尽可能正确的判断。

　　例如，奥斯特伯格公司在数字化转型中，建立了数据驱动的机制进行里程碑运作的决策。"我们确立了数据驱动的文化，"奥斯特伯格表示，"这意味着当地经理不能只简单地辩驳，'因为在我们国家大家都是这么做的，所以我们就应该这么做。'任何观点都必须以数据为基础。"这是典型的数字化模式，任何观点都必须以事实和数据为支撑才能赢得信任。纯凭直觉做决策只适用于传统经济。

　　另一方面，在制定里程碑事件的具体目标时，我们应尽量确保这些目标是可以被数据所衡量的。例如，降低流程成本，提高客户接受度、转化率或流程速度等等，每项目标都可以通过数字化的方式来呈现。

　　同时，这些目标必须要用具体的指标加以固化，并需要与每个待数字化的业务流程相互关联。准备实现的各里程碑目标可以根据企业的业务目标或者标杆来制订。然后，在里程碑事件时，就可以将原定目标与实际结果进行比较，以此进行预算和项目的决策，我们将在下一章节中详细介绍这一课题。

将预算与里程碑挂钩

数字经济是快速变化的，且需要快速地实现规模化。对于很多CEO来说，如何在制定计划时间表与具备快速适应的能力之间实现平衡是主要挑战。

要想克服这一挑战，参考风险投资家所使用的方法是一个较好的切入点。在决定是否投资一家初创企业时，风险投资家尤为重视三大方面：管理团队、商业创意和企业发展里程碑。他们通过以下方法来减少风险：

初期只投入少量的预算，将这些预算与里程碑进行捆绑，然后确认预定的定量或定性目标是否达成。如果预定目标达成，则投入新的资金进行后续开发。如果情况不明朗，则是否投入新的资金将取决于其他因素，诸如管理团队的应对方式、商业计划是否有所改变、是否有新的技术被引入等等。如果目标未能达成，则将停止向该初创企业追加新的投资。

将预算的制定和里程碑挂钩，这对许多企业来说是一个真正的挑战。大型企业通常拥有周期性的战略和规划流程来进行预算决策，通常每年发生一次。然而，在数字化时代，这种周期性的规划的作用将大不如前。风险投资家们甚至认为，这种周期性的规划是无关紧要的，他们只关心初创企业在约定的里程碑是否能实现预定目标，并以此为标准决定是否进行新一轮的投资。这种思路应该根植入数字化转型的企业中去，因为它能在确定的计划和不可控的变化之间，在明确的决策需要和快速调整适应之间，帮助企业解决如何平衡的难题。

从具体的做法上来说，管理者需要摒弃原有的制定跨度长达数年的固定预算的思维模式，而是在投资创新产品和业务开始时只提供较小数量的更可控的资金，当项目达到预定的里程碑，例如第一款最简可行产品投产或者成功地获得第一批客户之时，快速地投入后续资金，而不必通过烦琐的审批过程。同样地，如果项目未能达到关键里程碑，例如未收到积极的客户反馈的要求之时，则应该采取适当的措施，如减少预算，甚至终结对该项目的投入。

对传统企业来说，放弃某个项目往往会很困难，即使有的项目已经有了失败的征兆，企业也往往会继续维持其运行，以保全负责人的声誉。但这样做不仅耗费人力财力，还会浪费原本可以赢得创新成果的宝贵时间，属于非理性的行为。为了更好地控制这类非理性行为，企业需要建立一个类似初创企业投资委员会的机构，对企业内部的投资和项目进行持续管控。

6.3 以速度为指导原则进行规模化推广

我们已经创建了数字化转型的整体计划，切换到了数字化运营体系，并完成了最简可行产品的试点，接下来要探讨的，是如何快速使数字化转型得到规模化推广。

数字化是通向未知的旅程。转型计划虽然设定了方向，但仍要不断对其进行回顾并根据新的发现和经验进行调整。前文中提到，数字化转型是一个复杂而漫长的过程。即使如此，我们仍要以速度作为规模化推广的指导原则。这是因为，速度越快越能控制转型过程，越能减少转型的阻力，我们完成数字化转型的流程越多，它们在企业中的不寻常之处就会逐步变得不明显，新的数字化体系将随之成为常态。

重视速度的指导原则

速度具有传染性。使用敏捷方法的企业，产品开发速度更快，能更为迅速地在市场上检验产品，更及时地将市场和客户的反馈纳入到后续开发当中，从而获得更大的市场份额和更高的客户满意度，实现良性的闭环。以速度为指导原则的数字化转型方法与传统企业采用的笨重老方法截然不同。

在复杂的全面转型中，想要追求速度，就需要想办法不让质疑者拖累企业带头人开展变革的脚步。前文中提到的专注最简可行产品（这些基础的起步产品会不断得到改进）和快速迭代的方法，同样可以适用于规模化推广的阶段中。从我们的经验来看，可以将通常的开发时间降低多达90%。

例如，一家大型能源公用事业公司的开发团队在将某一款产品的应用推广到企业的其他业务时，同样运用动态冲刺的方法，只用了6周时间就完成了对一款新的最简可行产品的测试，并完全涵盖了发现、定义、设计和交付的各流程阶段。该产品是一个App应用程序，可以帮助现场工程师探测天然气泄露，评估泄露的严重程度，并且按紧急程度启动相关行动。

在初始的"发现"阶段，开发人员并不像往常一样，坐在办公室里等待工程部门提出的需求，而是陪同工程师一起进行现场调查，了解他们在何种情况下会按何种顺序需要哪些信息，并考虑他们是否能在特定情况下腾出一只或两只手来握住平板电脑，以及何时以何种方式需要和接收后台部门的支持。他们还注意到很多痛点，比如数据缺失或错误、必须在纸上手工填写项目的数量等等。

在经过为期6周一系列严酷的黑客松之后，该应用程序的原型就呈现出来了，可以进行现场测试。随后在经过另一个为期6周的快速迭代之后，最终产品就完成开发，可以上市了。过去，此类项目可能会持续6年之久，有些项目甚至因为实施时间过长而未能最终问世。在这家公司充分提速的数字化转型推广中，这款应用程序的快速上市触发了滚雪球效应：整个公司和管理层对此都感到非常意外和兴奋，这进一步坚定了他们对数字化的信念，从而进一步加快了数字化转型的规模化推广速度。

这并不是个例，有许多类似的例子可以证明，以速度为指导原则的规模化推广，往往会让数字化转型快速地席卷整个企业（见图6-1）。

变革的典型周期

4~6年

敏捷流程

3个月 ← (> -90%)

最简可行产品流程

发现	定义	设计	交付
在现场开展人种学研究，以亲身体会员工的需要和问题	员工参与的黑客松，用来开发客户旅程的新设计构想和目标方案	通过模拟和现场工作人员的反馈来验证初步概念	现场试用（最简可行产品），并且从实际环境中收集反馈意见，启动下一个最简可行产品的迭代

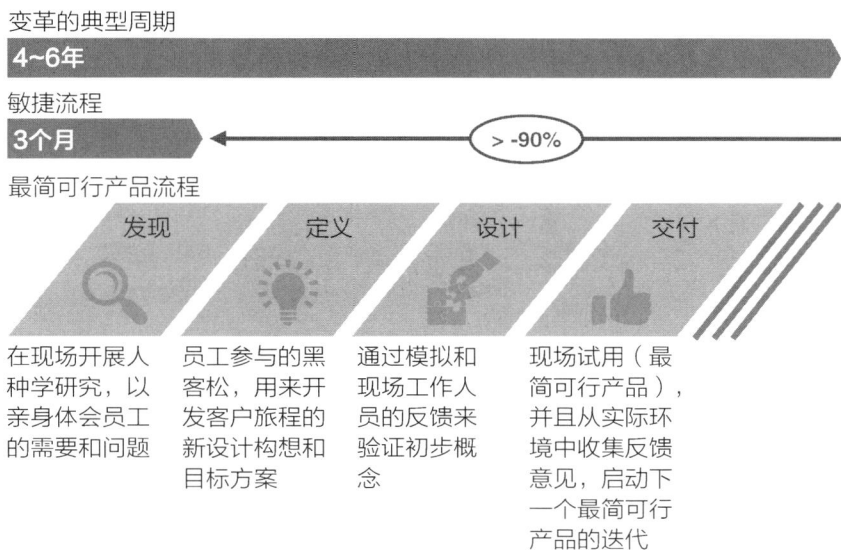

图 6-1 重视速度的指导原则需要进行全面反思：能源供应商案例

利用"数字化建设—运营—移交"（DBOT）加快推广速度

如果需要以更快的速度进行数字化的规模化推广，我们可以借鉴一种起源于汽车行业的方法：建设—运营—移交（BOT）。这个方法指的是：汽车制造商委托其供应商在自己的厂区中建设和运营设施，一旦该专业公司实现了这些设施的全面正常运转，就会根据事先的约定将这些设施的控制权移交给汽车制造商。

该方法在数字化转型中的应用，我们称之为数字化BOT，即DBOT。它与工厂不一定有关，但和专业公司及专家有关。为了加快数字化的规模化推广，企业可以委托数字化专业公司及专家提供类似的数字化专业服务，以快速地将最初的数字化成果在整个企业范围内全面铺开。等到一定期限（通常为6~9个月）之后，再逐渐让自己的员工承担这些专家的角色（见图6-2）。

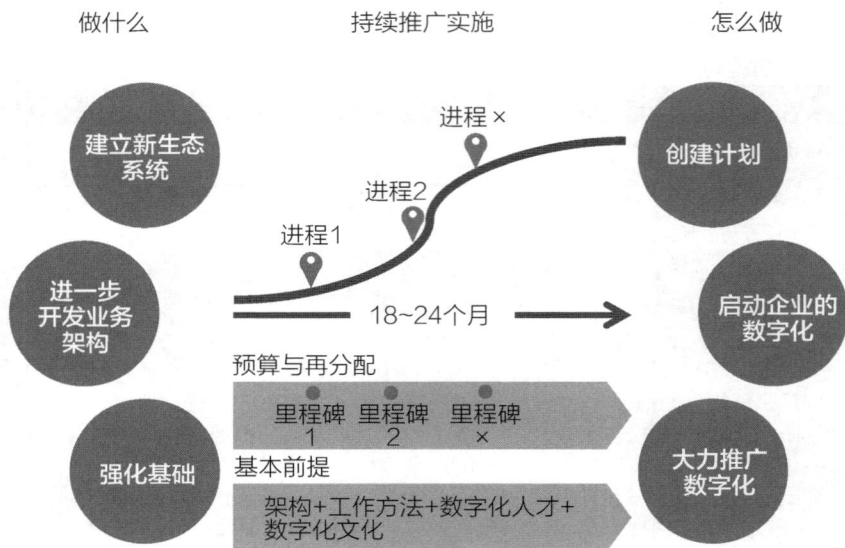

做什么　　　　　　持续推广实施　　　　　　怎么做

建立新生态系统

进程×

创建计划

进一步开发业务架构

进程2

进程1

18~24个月

启动企业的数字化

预算与再分配

里程碑1　里程碑2　里程碑×

强化基础

基本前提

架构+工作方法+数字化人才+数字化文化

大力推广数字化

图 6-2　大力推广数字化

　　在传统的数字化项目的实施中，为了弥补解决企业内部数字化能力的问题，或是加快项目实施的速度，企业往往会选择将数字化工作长期外包给第三方服务提供商。相比之下，DBOT 的方法要更为优越。这是因为，将数字化工作长期外包，这意味着企业会一直缺乏必要的数字化专业知识，并且极度依赖于服务提供商，这对于以数字化转型为目标的企业而言非常危险。

　　如果不选择长期外包，而是与数字化经验丰富的合作伙伴共同成立独立的新公司，这种方法与 DBOT 相比，也有着更大的风险。因为这样会使传统企业无法拥抱数字化未来，会将客户关系、技术和产品等企业重要的支柱转移出去，并限制新公司，使其无法积极向原有企业输送数字化经验。

　　世界上最大的零售企业沃尔玛就是一个很好的例子，它展示了大型企业需要怎样大刀阔斧的改革，才能走出模拟时代并且迅速进入数字化新时代。沃尔玛实验室（Walmart Labs）以 DBOT 的方式起步，逐渐建立自己内部的数字专家团队。从最初 60 名数字专家的核心团队开始迅速成长，到 2016 年发展成拥有 3 500 名专家的大型团队，在印度、巴西和美国都设有办事处。这些专家都在致力于找出方法重新定义沃尔玛客户的购物体验（无论是通过实体店、网站还是移动设备）。其目标非常宏大："重新定义全球电子商务。"试想，如果不是以 DBOT 的方式快速起步，并在初始阶段过后逐渐形成沃尔玛内部专家的团队，这样的目标将很难实现。

6.4 以客户为中心

> "以客户为中心"，这似乎是一句老生常谈，其实不然。虽然大多数企业都把这个原则奉为真理，但不同企业对于它的理解，以及相应的做法，显然不尽相同。有的企业把它作为装点门面的饰品，有的企业把它作为市场营销的手段，有的企业把它作为发展的战略……在数字化的时代背景下，这些差别显得更为明显。

在这一点上，苹果、谷歌和亚马逊等所有成功的数字化企业是有相通之处的。无一例外，他们都尽可能地把"以客户为中心"的理念融入所有的产品和流程中。不仅让客户的愿望和需求决定其产品和服务的内容及提供方式，而且把对客户的关注度提升到高于竞争对手的程度上来。对它们来说，客户的期望是什么，什么样的陷阱使得产品或服务低于客户预期，如何让客户获得更多的利益……这些是数字化企业真正值得时刻思考的问题。

把"以客户为中心"作为目的而非手段

在各个企业对"以客户为中心"的不同解读中，全球市值最高的企业之一亚马逊公司的做法无疑是令人眼前一亮的。对亚马逊来说，"以客户为中心"是公司的目标本身，而不只是实现其他目的（盈利、扩张等）的手段。

亚马逊的创始人贝佐斯曾说过："零售商分为两种：一种是想方设法怎么多赚钱，一种是想法设法让顾客怎么省钱。"其实不仅是零售商，对于企业来说也大抵可如此分类，且大多数的企业都会归到第一类。这对企业的属性而言，无可厚非。即使是归到后者的少数企业，"让顾客省钱"也可能只是它们"想方设法多赚钱"的手段。因此，像亚马逊这样，以"让顾客省钱"为主要目的，而对"自己是否能多赚钱"不那么在意（至少到目前为止）的企业，并不多见。

例如，亚马逊在进军珠宝行业时，传统珠宝行业的定价体系简单，零售的利润空间很大，零售价比批发价高两倍，这是行业内共同认可的规则，也是企业本可拿到手的利润。但亚马逊坚持砍掉大部分利润，让顾客能以接近成本价的价格买到珠宝。一般的企业作为新入市场的搅局者，以低价策略拓展市场，不算新鲜，它们往往会在占据市场之后，逐步提价以弥补利润的损失。但从亚马逊占据市场的后续行为来看，低价并不是其开拓市场的策略，而是一贯的"以客户为中心"，为客户让利的大原则。在这个原则面前，即使与供应商关系紧张，与珠宝全行业为敌，也在所不惜。

除了盈利性之外，那些企业通常所追求的其他目标，如销售额、市场排名等等，亚马逊同样把它们的优先级排在了客户之后。比如，对一般的企业来说，为客户提供优质的服务，目的是为了在市场上保持领先的地位；但对亚马逊来说，在市场上保持领先地位，是为了给顾客提供最优质的服务。亚马逊将传统企业的因果逻辑进行了颠覆，"以客户为中心"从"因"变成了"果"。这样的转变，看似简单，实际在理念的转变和企业的运营上，都相当困难。

把"以客户为中心"从手段升级为目的之后，竞争理念也随之被颠覆。大多数公司在试图建立自己的竞争优势时，都会把目光放在竞争对手身上，而不是客户身上。他们会花大量的精力在产品、渠道、价格、营销上，寻找和竞争对手的差距，采取手段试图超越。至于客户是否会在这些做法中得利，最多只是作为考虑的因素之一。

亚马逊的竞争理念截然不同，他们把目光的焦点从竞争对手转移到了客户——如何在不牺牲质量和体验的情况下，让客户享受到低价；如何不断创造出创新产品，让客户的体验升级。

正因如此，亚马逊的许多非常规的做法，都变得可以理解了。比如，在相当长的一段时间内，亚马逊在营销方面的投入，远少于传统零售商。

因为对于亚马逊来说，营销更多的是从企业自身利益出发，而不对消费者产生直接的价值。不仅如此，节省下来的营销费用还可以用来提升顾客的体验。在这一点上，小米公司也有类似的理念和做法。

比如，亚马逊迟迟无法实现盈利，即使是在业绩不太好的周期内也同样信心满满。这是因为对亚马逊而言，盈利与否和客户利益是否被满足相比，并没有那么急迫。

再比如，亚马逊所推出的诸多创新性举措，包括免邮、Prime会员、Kindle低价电子书等等，都会对利润造成显著的影响。但亚马逊总是坚决投入，从未因利润的原因拒绝这类举措，这同样是因为顾客的利益在企业决策的优先级排序中高高在上。

当然，亚马逊并非公益性组织，企业也不是散财童子。"以客户为中心"，最终还是要回到企业发展和盈利的结果上来。但对于亚马逊来说，企业的发展和盈利，是在追求"以客户为中心"这个目标的过程中自然而然的附带结果，而不需要直接将它们作为目标本身。

优化关键客户流程

谈完理念，让我们来看看具体的做法。当然，如何将"以客户为中心"落地到流程中去，这取决于企业所在的行业。但有一点是共通的，无论产品和服务的属性如何，客户总是希望从下单到交货再到售后服务的整个过程中都能和企业实现无缝、流畅的衔接。不过，我们发现这个需求在许多企业中仍然没有被满足。例如，曾经拨打过无线服务提供商技术支持热线的人都清楚这一点：首先你要长时间地等待被接入，然后是漫长的问题识别流程，接下来会被没完没了地转接，花费很长的时间才能解决问题，或者让你在中途忍无可忍地摔掉电话。

因此，成功的数字化企业都会优先考虑面向客户的流程。这些流程的数量一般是屈指可数的。例如，某电信公司通过对客户互动场景进行分析，识别了五个关键流程：合同的选择与签订、支付、合同管理（增加或取消服务）、在中断或出现问题时的客户沟通、合同终止。

对大多数客户来说，他们不会再忍受自己的订单被缓慢地通过各个组织职能，直到最终被分派和完成。他们希望能有一种打通所有职能的精简、无缝流程——端到端的流程。并且，这个流程应该是数字化的，只需要点击几下即可，无论是咨询、变更合同还是提出投诉都该如此。能够提供这种流程的企业，无疑将在数字化时代具有竞争优势。

企业应该在其流程数字化和再造的过程中，专注于客户旅程以及企业与客户的接触点，这是成功在线零售商们总结的观点。从初次接触到最终购买，客户旅程中的所有接触点都应该得到精心规划，让客户尽可能容易、方便地使用流程，并且提供良好的支持。流程设计的核心标准，是客户体验。这个标准，不仅适用于 B2C 领域，同样适用于 B2B 领域，以及内部客户。

在设计客户旅程或面向客户的流程时，企业应该在每个接触点的设计上思考这样几个问题：客户的期望是什么？流程取决于什么？如果在一些地方出了问题，痛点是什么？虽然这些问题看起来似乎显而易见，但往往分析的结果远非标准答案，因为传统企业一般都关注效率或利润，而不是客户。那么，对客户来说真正重要的是什么呢？哪些客户进程比较重要？应该从哪里切入客户进程？如何才能从第一个客户进程转向下一个客户进程？如何才能在整个企业产生数字化动力？

在思考了这些问题之后，以荷兰国际直销银行（ING-DiBa）为代表的直销银行已经清楚地识别了客户的需求。这些直销银行将银行开户需要等待的时间从数周缩短到几分钟，并且使用用户友好型数字化流程成功地获取了大量的传统银行客户（见图 6-3）。

再者，与产品和服务有关的流程在设计时，都应该专注于给客户提供顺畅的体验，并且在出现问题时能够快速识别痛点，迅速为客户提供相应的支持。

比如，电梯制造商迅达集团生产的电梯每天在全球运送 10 亿乘客，该集团已经在数字化转型过程中将维护的重点转向了预测性维护。"我们在客户觉察到有问题之前就将问题解决了。"迅达集团首席数字官迈克尔·尼勒斯（Michael Nilles）表示。

不仅如此，这家瑞士企业还与苹果公司建立了合作伙伴关系，以推动数字化战略的发展。目前，通过使用为迅达集团定制的 iOS 应用程序，该集团的维修技术人员能够收到详细的服务任务；电梯中的传感器可以让他们实现远程监控，并能持续测量电梯路线、速度及温度

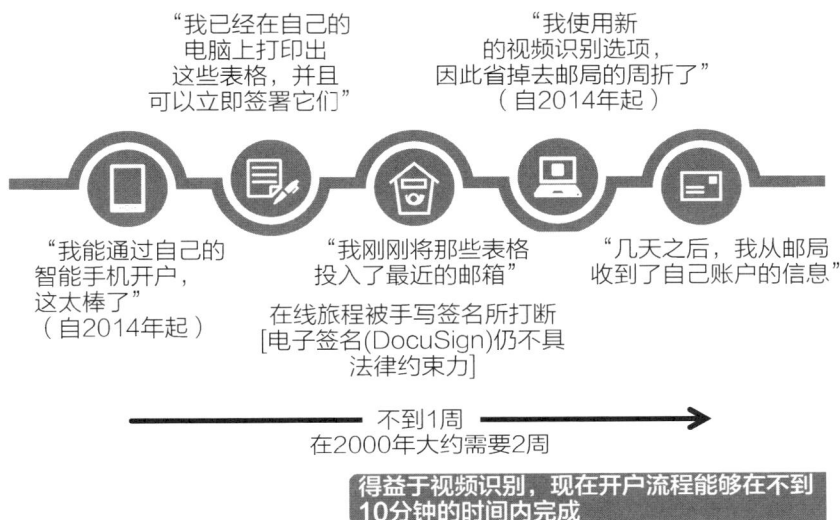

"我已经在自己的电脑上打印出这些表格，并且可以立即签署它们"

"我使用新的视频识别选项，因此省掉去邮局的周折了"（自2014年起）

"我能通过自己的智能手机开户，这太棒了"（自2014年起）

"我刚刚将那些表格投入了最近的邮箱"

在线旅程被手写签名所打断[电子签名(DocuSign)仍不具法律约束力]

"几天之后，我从邮局收到了自己账户的信息"

不到1周
在2000年大约需要2周

得益于视频识别，现在开户流程能够在不到10分钟的时间内完成

资料来源：荷兰国际直销银行网站；数字化麦肯锡

图 6-3 荷兰国际直销银行在过去十多年中实现了所有核心客户旅程的数字化
——以开户流程为例

等关键数据。每天，至少有 2 亿个信息单元会被传输到电脑平台进行分析，并且转化为服务任务。每天上午，迅达集团的现场维修技术人员会在应用程序上收到当天的工作清单、最高效的服务路线安排建议以及工作中可能会用到零部件的清单，甚至还能订购零部件，以确保这些零部件在其到达服务地点之前就已经准备就绪并运达相应地点。技术人员到达服务地点后，还可以通过应用程序查阅维修说明书或视频。"我们的客户服务现在变得更快捷，效率也更高。"首席数字官尼勒斯表示。

对于一些客户而言，光是得不到正确的信息这个问题就是一个痛点。马士基（Maersk）是世界上最大的集装箱航运集团，该集团开发了一款让其客户能够实时追踪自己集装箱的应用程序，这一应用程序能够在集装箱可能延迟或提前抵达时向客户发出通知。此外，客户还能够使用该应用程序查阅马士基航运的时间表，或者最近的航运办事处地址。

总结而言，在设计客户进程或面向客户的流程时，如何专注于客户接触点的细节，从客户的立场出发，了解客户的期望，为其提供顺畅的体验，是企业在数字化转型中应该重点关注的问题。

概念迭代：向客户学习

前文中提到，通过最简可行产品和快速概念迭代的方式，既可以快速抢占市场、控制成本，同时又可以让客户更多地参与到产品的设计中来。除了 iPhone 之外，特斯拉同样在推出时只具备有限的功能，只重点解决了当时市场上缺少豪华电动汽车的痛点。在此之后，特斯拉在客户的帮助下，根据客户的反馈信息不断进行改进，产品功能也通过客户的需求而非设计者的主观想法被不断地完善到产品中来。

当然，客户反馈的不只是积极的方面，对于负面的评论，我们同样需要重点关注。这有助于企业在客户流失、收入减少的环节发现痛点。

例如，在零售和美食行业，排长队属于客户体验的短板之一。在分析客户的反馈之后，星巴克于 2015 年决定，在应用程序上增加移动订购和支付的功能，由此，客户可以在忙碌的工作中从最近的星巴克门店订购最合自己口味的咖啡。而且，这款应用程序不仅连接了星巴克的忠实客户奖励计划，还允许在线支付。在数字化再造的流程里，客户只需要走进星巴克门店，就可以绕过排队的人群，直接领取自己的咖啡。目前，这款应用程序大受欢迎，帮助星巴克不断提高收入。不仅如此，星巴克还得到与收入同样重要甚至更加宝贵的收获——有关客户购买习惯的数据宝藏，这些数据让星巴克能够直接进入最困难的营销领域：一对一营销。如今，基于这些数据，星巴克已经能够通过应用程序向客户推送根据其口味量身定制的产品推介了。

传统企业主要依靠猜测来确定客户的喜好或痛点，而经历了数字化转型的企业则能够依靠海量数据来提取并分析这些关键信息。在数据的支持下，数字化企业能精确地分析出哪些产品变化在什么时间、什么地点、会受到哪些客户或不受哪些客户的欢迎。同时，他们也能够知晓潜在客户在经历痛点之后，会在客户进程的哪个环节退出。这些知识能让数字化企业在确定目标客户方面实现数据驱动型决策，从而取得巨大的竞争优势。

6.5 以信息技术为武器

信息技术对于数字化转型的成功至关重要。虽然各项转型举措的方式、范围和时机选择因企业的最初状态而异，但是，所有举措都有一个共性，那就是要将信息技术转变为有力武器，为数字化转型提供足够的大力支持。

方法很大程度上取决于企业的最初状态

如何将信息技术作为数字化的武器，这取决于企业目前所具有的数字化经验水平。从实用的角度，我们将企业分为三类：

第一类：企业只具有非常有限的数字化经验，其核心业务很少进入数字化领域。比如传统机械制造商，包括涡轮机、传动系统、离合器、动力系统的制造商等等。

第二类：企业在发展中已经遇到了数字化问题，其业务受到来自数字化企业的冲击。比如保险公司、电信企业、能源提供商、汽车制造商等等，他们都面临着数字化转型的艰巨挑战和迫切需要。

第三类：企业已基本完全实现数字化，已经拥有了数字化时代所需的全部关键能力，并且坚定地寻求业务的扩张。

第一类企业拥有明确的任务，无论已有的信息技术基础如何，他们都需要为新的数字化部门设立敏捷信息技术团队，以灵活地应对数字化的需要。第一类企业要立即在其数字化部门中应用最佳实践概念，而不是重新启用传统的老方法。

第三类企业已经完成了很多数字化方面的工作，他们要么是天生的数字化企业，要么已经实现了数字化转型，并且所有的工作都是按照敏捷方法进行的，无论是在面向客户方面、与供应商的合作，还是在后台部门，都是如此。

因此，第二类企业的任务是最繁重的。在大多数情况下，他们已经设立了信息技术部门，但其中只有孤立的敏捷团队，大多数信息技术运行工作仍然是按照传统的瀑布模式——一种起源于工业时代的线性开发模式进行的。他们仍需要按照烦琐的程序逐步完成产品规格清单所规定的要求，在这个过程中，几乎没有学习的机会。

像谷歌这样的数字原住民是第三类企业的典范，他们已经将信息技术作为有力武器，而不只是用作管理工具。对于第二类企业来说，想要实现一步跨越到这样的数字原住民水平并不是明智的选择，因为风险太大了。对于这类企业来说，仍然沿用原有的信息技术是合理的选择，大多数传统信息系统所维护的数据完整性和数据相关性都非常好，理应加以保护；在数字化转型中，对于原有数据完整性的保护始终不应被忽视。

因此，对于第二类企业来说，我们的建议是，把信息技术作为武器，首先应用在那些对于数字化成功非常关键的流程上，即面向客户的流程。

通过信息技术的帮助，建立跨职能团队，在两周冲刺中开发出最简可行产品，然后将其投入市场上进行测试，并迅速地将客户反馈纳入到快速迭代开发中。速度和灵活性意味着真正的竞争优势，而信息技术恰恰是提供这些竞争优势的关键武器。例如，汉莎航空通过信息技术将办理登机手续流程完全数字化；过去将客户调查中发现的问题转化为改进的新流程通常需要 6~12 个月的时间，而现在只需要 2~6 周。

有了信息技术武器的帮助，从敏捷组织和敏捷工作领域中获得的所有经验都可以得到全面的推广，客户需求反馈和流程优化之间形成的良性闭环也将为企业创造竞争优势。

向 DevOps 模式转型

在双速信息技术架构的支持下，正在进行数字化转型的企业，应该学习数字原住民们所使用的 DevOps 模式。DevOps 是开发和运营的缩写，指的是将开发和商业运营之间整合为一个有机的整体。

DevOps 不仅是针对开发人员和运营人员的合并流程，同时也是激励机制的共享，以及工具、最佳实践的共享。我们发现，当团队、工具和信息技术基础设施在相互之间形成最佳的配合时，软件解决方案往往能以更快、质量更优的方式开发出来。要想实现这一点，企业必须做好充分准备，深刻理解 DevOps 的模式，并在组织、人员、激励等方面进行坚定而迅速的改革。

罗布·亚历山大（Rob Alexander）是 Capital One 银行的首席信息官，曾负责管理过一个成功的数字化转型。Capital One 从招聘工作开始其数字化转型，因为该银行发现，虽然外包工作可以解决短期问题，但从长期来看意味着自己缺乏关键技能。新招聘员工在入职后不久，银行就采用了 DevOps 和敏捷开发的理念。在使用了敏捷方法的第一个试点项目完成之后，亚历山大及其团队发现，不应该只有特定领域才能从这种敏捷理念中受益。如今，Capital One 的整个信息技术领域都采用了 DevOps 模式，提升了整个领域的敏捷性。

亚历山大是敏捷方法的忠实支持者，他将敏捷方法描述为一种"能够持续学习的通用方法，通过这种方法可以将开发的成果放到市场上进行测试，然后对产品进行持续改善，直到你拥有能够征服市场、真正强大的产品为止"。Capital One 之所以对推动数字化转型怀有极高的热情，是因为他们相信金融业的赢家必然是那些如同大型高科技公司一样以敏捷的方式经营的金融企业。亚历山大表示，这就是银行业的未来发展方向。

将敏捷转化为领先的系统

在向数字化转型的早期阶段中，传统或遗留的信息技术主导着信息技术架构，而新的敏捷信息技术一般会作为一个叠加层位于架构顶端。

通过采用敏捷方法，信息技术第一次成为武器，因为企业能够最终实现快速行动，尽管开始时只能在某些孤立的领域中进行。

敏捷信息技术能够通过遗留的信息技术逐渐进行扩散。例如，如果在面向客户流程的遗留系统中，有一部分客户主数据不再重要了，那么就必须调整基础数据库。

在一段时间过后,经历了多个流程转型的阶段,就会出现架构问题:应该如何以及何时将敏捷结构纳入主要系统,如何在不影响数字相关性和完整性的前提下调整遗留系统,这是一个关键时刻。在某些时刻点上,高速架构(即上述的叠加层)将决定着整个系统架构。要想确保转型成功,从我们的经验来看,应该将信息技术的管理移交给新的团队,以避免原有团队的"老士兵"们试图去挽救他们钟爱的老系统。

如果想让信息技术真正成为企业有力的武器,只是简单地向各部门配备数字化人才是不够的,还必须在各个管理层级上具备数字化能力,其中最重要的是执行委员会、监事会以及二级管理团队。信息技术必须成为企业新的核心力,而首席数字官必须在管理委员会中有充分的话语权,只有这样,数字化才能取得成功。

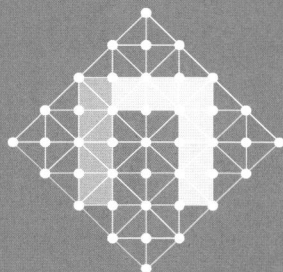

第 7 章

怎么做？数字化转型的成功基础：
规模化培养数字化人才和建立敏捷组织

在前面的章节中，我们讨论了数字化转型的过程、方法和原则。本章中[1]，我们将聚焦于数字化转型的两大成功基础，即数字化人才的规模化培养和敏捷组织的建立。如果说数字化转型的过程和方法是武功的招式，那么人才和组织则是习武者所必需的内功。内功是根基，是力量的源泉，并最终决定企业能力可以达到怎样的巅峰境界。

1　感谢揣姝茵、马乐和储楠对本章的贡献。

在本章中，我们将回答以下问题：
- 数字化人才的规模化培养：我们如何组织一支既拥有数字化经验又具备行业洞察力的团队，以及如何管理这支团队？
- 通过数字化的方式创造更大的人才价值：我们如何利用数字化的方式创造更大的人才价值？
- 建立敏捷组织：为什么数字化转型需要敏捷组织，敏捷组织具有什么样的特点？如何设计并实施敏捷组织？

7.1　数字化人才的规模化培养

从我们与全球知名企业 CEO 最新的访谈来看，人才已经成为当下企业在进行数字化转型中的重中之重。从人才的识别、招聘到培养，无论是在目标和流程上都需要进行颠覆式变革，以适应数字化背景下的人才需求。

概括来说，首先，需要调整人力资源管理的角色和定位；其次，对数字化基础较薄弱的公司来说，以建立数字化业务部门作为起点；对有一定数字化基础的公司来说，可以通过建立数字化能力中心来吸引并聚集人才，再通过内部培养和外部招聘两种方式，扩大数字化人才团队。本节将从以上这几个方面展开讨论。

数字化时代背景下人力资源管理的新任务

从人力资源管理领域的演变来看，我们可将其分为三个时代。

第一个时代，以人才的密集型交易为重点，以人力资源手册为工具，做好对本地员工和团队管理的主要工作。在这个时代中，首席人力资源官通常由通才型人员担任，具备薪酬、福利、培训等专业知识。

第二个时代，以在业务中赢得"一席之地"为重点，以部分数字化系统（如人力资源管理系统、员工自助服务系统等）为工具，支持业务骨干更好地开展工作。在这个时代中，首席人力资源官通常成为业务的伙伴，具备组织发展、人才管理、激励等专业技能。

第三个时代，也就是如今的数字化时代，人力资源管理的重点是为企业价值的创造与获取，需要运用大量的数字化工具，如组织实验室（OrgLab）、Influencer 水晶球 [1]、实现对组织中价值链的洞悉以及链条中关键岗位群人才的实时洞悉盘点和调遣等，致力于将人才和价值紧密挂钩，推动企业的规模化发展。这个时代的首席人力资源官必须转型成业务的领导人，需要具备组织塑造、领导层变革、调动和整合资源等方面的能力。

第三个时代里人力资源的新任务，与企业的数字化进程息息相关。首席人力资源官将从业务合作伙伴转变为与 CEO、CFO 共同合作的"黄金三角"，人力资源也将单一部门的职能转变为渗透到企业数字化转型的各个方面的跨领域职能。

具体来说，数字化时代的人力资源职能有四个主要的新工作：

（1）调动。人力资源首先要思考的问题是：应该如何调动和集结组织关键资源，才能尽快创造价值？ HR 工作聚焦点应该是什么？需要运用哪些方面的能力才能尽快产生价值？

在回答这些问题时，我们不仅要从人力资源的视角来思考，还要从公司整体数字化转型的视角来思考，包括转型中的战略方向、执行风险、组织和人员的能量水平、变革举措的动能等等。在这之中，哪些是需要调动的，哪些是可以调动的，哪些是需要弥补的短板。以实现价值的目标进行调动的思考，可以帮助人力资源在企业数字化转型的初期做好充分的准备。

（2）塑造。对组织和人才的塑造，应该从成本、增长和敏捷性这三个方面来进行。

在成本方面，传统企业的成本驱动因素，包括传统业务管理中过

1　通过在组织内群发调研邮件的方式，通过 1~2 个问题，分析组织内部隐藏的管理岗位的具备较强影响力和人脉关系的人。

度分散化或过度管理等，数字化转型为企业提供了改善这些问题的契机，人力资源可以通过对管理层级和管理跨度的重塑，优化管理模式，降低管理成本。

在增长方面，我们需要将针对增长目标或潜力的议程与组织和能力相互结合。对增长目标的选择，往往决定了企业所需的组织能力，一旦两者脱离，将会出现能力无法驱动增长，或是能力在不必要的领域出现过剩的情况。

在敏捷性方面，企业需要对原有传统组织设计中看似稳定的架构进行调整，使之变得更为敏捷。数字化企业的组织设计，需要通过互联互通松散耦合的方式，创建简单而灵活的结构，让关键人才在组织中涌现，从而为推进数字化转型提供强大的支持。

（3）决定。人力资源在人才招聘时的决定，需要从"从人才到人才"的理念转变为"从人才到价值"。除了对人才本身能力的衡量外，更重要的是看人才是否与企业的数字化转型的需要相契合，是否能在该过程中创造出企业所期望的价值。

在具体做法上，首先应了解业务状况开始，包括数字化转型的计划和目标，切换到数字化运营系统的需要，信息技术能力的短板等等，以此出发，对候选人员及其能力表现的证据进行搜索。之后，对证据进行汇总和解析，以价值为衡量标准进行筛选，从而最终做出决定。

（4）变革。做好资源调动、组织塑造和人员决定之后，人力资源将开始承担起推动变革的角色。

作为业务领导人，人力资源需要参与甚至领导速赢措施的制定，以及提升组织能量、克服变革惰性等相关举措的推进。具体包括对企业现有能量的审查，在重要岗位安排关键人才，为与价值相关的优先工作开绿灯，以及提高企业在数字化转型过程中的组织动能。

从我们对黑石旗下 180 家投资组合公司的内部研究结果来看，在实践了以上四项人力资源的新工作之后，有 80% 的公司完成了第一年财务目标，且整体回报率在 2.5 倍以上。

建立新的数字化业务部门

前文中提到，基于企业现有数字化经验水平的不同，可以将企业分为三类。第一类企业的数字化经验非常有限。对这类企业来说，培养数字化人才的当务之急，是先建立数字化业务部门。

万事开头难，在传统企业建立第一个数字化业务部门也不例外。这些作为先行者的数字化业务部门必须从零做起。他们不仅缺乏建设数字化的经验，还缺乏开发数字化产品及服务的结构化流程。更重要的是，他们缺乏数字化的人才和能力。

迅速招募数字化人才是建立该部门的重点任务。一般来说，人才的招募有几种方式：一是从母公司或其他子公司借调核心业务的一流人才；二是通过收购初创型数字化企业，吸收其中的优秀人才；三是通过外部招聘的渠道招募人才。通常来说，前两种方式所招募的人才，有可能会成为这一开拓部门赖以成长的坚强核心。这些方式的共同标准是，既需要该类人才有一定的数字化经验，对业务和行业也要有一定的熟悉度，同时具有归零出发的学习能力与现有团队磨合。对于新成立的数字化业务部门来说，兼具数字化和业务能力的人才，是重点关注的对象。

作为全新的部门，数字化业务部门会发现自己在传统企业中处于孤立状态，甚至有可能没有自己的预算。即使如此，他们有了更重要的自主权。数字化业务不再需要依赖于某个业务部门才能开展，而是可以独立建立起快速的决策路径。同时，数字化业务也不用再担心现有的信息技术系统对转型可能造成的阻碍，而是可以开始应用诸如scrum敏捷开发等数字化方法，将复杂的开发项目分解为一系列的冲刺活动，从而小步快跑迭代开发出最终产品。

通过大量的经验研究表明，决定数字化业务部门成功与否的最重要因素有以下四点：

（1）部门组织结构的搭建是否有助于一支全力冲刺的团队自主负责的产品。

（2）产品负责人及其团队是否与信息技术部门保持着密切的合作。

（3）作为整体战略的有效组成部分，管理人员是否更多地将自己视为教练、赋能协调者，且能将责任和权利转移给所在团队。

（4）是否采用最简可行产品和快速概念迭代等数字化开发方式。

以上四点是关键所在，同时也是新旧世界的冲突之处。传统企业现有的管理团队能否高效地管理这个全新的部门？在很多情况下，答案是否定的，因为传统企业通常缺乏关键的数字化技能和经验。因此，除了招募组建该部门的人才外，管理团队还应该对自身加以补充，例如，聘用有数字化转型经验的专家作为管理团队的顾问，或是邀请风险投资家一起向该数字化业务部门投资。

建立数字化能力中心

对第二类企业，即具有一定数字化经验水平，或已经进行过一些数字化尝试的企业而言，应该建立与业务部门运营相契合的数字化能力中心，以之作为吸引数字化人才和发挥人才作用的主战场。

前文提到，数字化转型之路从计划的创建，到试点项目的成功起步，然后坚定地实现核心流程的数字化。下一步，则是将数字化转型在整个企业中进行规模化推广，这正是数字化能力中心（Digital Competence Center）登场之时（见图 7-1）。

在这一阶段，数字化能力中心会承担几个主要的职责。①负责数字化人才的招聘和职业发展。②作为数字化转型的引擎，设定转型节奏、协调各部门资源、管理转型、与各业务部门的数字化转型团队密切合作。③作为企业内部业务部门的数字化服务提供者，提供业务流程所需要的数字化流程再造、产品开发和工具分享等。④帮助识别收购目标并为收购做准备，如不能立即将这些新收购企业整合到现有业务部门中，则应该成立数字化分部——安置。⑤与各职能部门建立广泛的合作关系，在整个公司层面建立新的数字化生态系统。

▼ 转型引擎
▽ 对业务部门的服务
▽ 跨小组的数字化业务部门

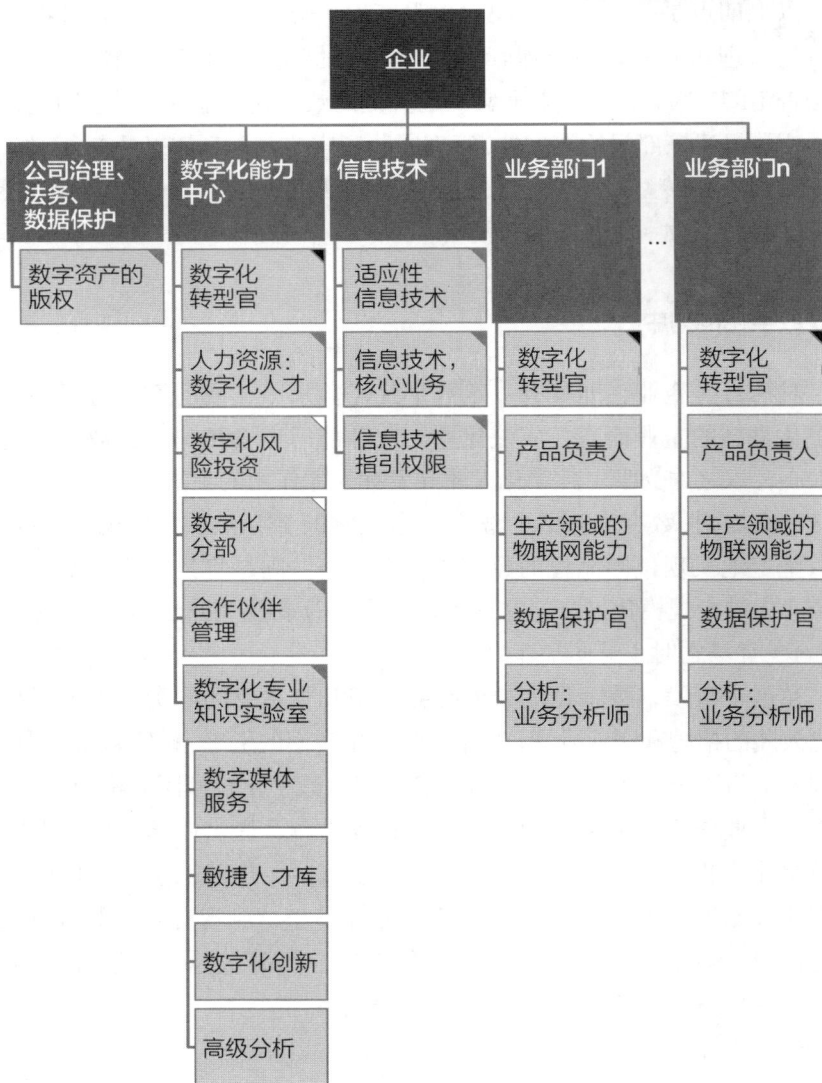

```
                              ┌─────────────┐
                              │    企业      │
                              └─────────────┘
```

公司治理、法务、数据保护	数字化能力中心	信息技术	业务部门1	业务部门n
数字资产的版权	数字化转型官	适应性信息技术	数字化转型官	数字化转型官
	人力资源：数字化人才	信息技术，核心业务	产品负责人	产品负责人
	数字化风险投资	信息技术指引权限	生产领域的物联网能力	生产领域的物联网能力
	数字化分部		数据保护官	数据保护官
	合作伙伴管理		分析：业务分析师	分析：业务分析师
	数字化专业知识实验室			
	数字媒体服务			
	敏捷人才库			
	数字化创新			
	高级分析			

图 7-1 数字化能力中心：组织植入的示例

就第一点而言，与数字化业务部门的人才招聘所不同的是，数字化能力中心的人才招聘需要更多的数字化经验，更细分的数字化专业技能，以及更大的人才规模。仅仅是数字化能力中心下属的数字化专业知识实验室，就需要大量拥有各类数字化技能的专家，横跨技术、流程、设计、项目管理等各个数字化细分专业，比如敏捷开发教练、负责应用程序和网站用户体验或用户界面设计师、负责未来创新工作的项目经理、数据分析师、数字化媒体运营师等等。该团队既要有专业的技术经验，也要有多元化的背景，这样的团队构成，将对企业的数字化推广带来强大的助力。

除此之外，与数字化业务部门的成功因素类似，数字化能力中心同样需要和信息技术部门保持密切的合作，因此，我们需要建立一个专门的团队，管理共享的网络和平台，如即时通讯软件、云、身份管理系统等；还需要建立一个全能型团队，确保对所有数字产品的知识产权都根据通用指引进行明确、一致的管理。这两个部门所需要的专业人才，也应该有专门的计划进行招募。

除了数字化能力中心和信息技术部门的紧密合作之外，这两个部门同时也必须与业务部门保持密切的沟通和相互支持，以推动转型的进展。在此过程中，我们发现复合型数字化人才是必不可少的，他们既要有数字化的能力，也要有业务的专用技能，比如物联网传感器的部署，或者分析由传感器所提供数据的数据分析能力等等。

当然，建立有效的数字化能力中心并及时招募到期望的数字化人才是一项复杂而艰巨的任务，这也是为什么一些企业会采用前文提到的数字化建设—运营—移交方法的原因，在数字化转型时间紧迫情况下尤其如此。

DBOT旨在极大地加快建立数字化能力的速度。采用该方法的企业聘请临时的外部专家团队，首先在企业独立的业务部门中建立新的业务模式。这意味着在数字领域人脉深厚的专家可以提供有价值的服务，比如帮助招聘数字化人才，并以之为核心建立数字化团队，然后开始工作。一旦该团队组建完成，第一个积极成果有望在几个月内产生，此后，外部专家就可以逐渐地被内部人才所替换。

能力复制和内部孵化

在由数字化能力中心搭建起数字化的核心团队之后，企业可以通过权力下沉和内部孵化的方式，让人才在数字化转型中得到培养，从而使数字化团队得到规模化的增长。

在起步阶段，作为数字化的推动力和业务部门的服务提供者，数字化能力中心通常需要配备十几名员工，包括一名经理和两名企业总部的数字化转型官，以及分别来自人力资源及每个业务部门的一名员工。其下属部门，如数字化专业知识实验室，通常需要配备 10 名左右熟悉敏捷方法和分析技术的专家，以及两名信息技术员工负责适应性信息技术方面的工作。这个团队需要配备应用程序的后端系统、大数据基础设施、软件工具和界面。此外，还要根据企业的规模和数字化水平，决定是否增加额外的资源来运行台式电脑、移动设备和服务器的支持系统。

数字化能力中心对数字化的推动方式之一，是进行数字化人才和能力的内部培养。以某大型技术公司为例，首先以敏捷方法对 5 个业务团队进行数字化培训，然后让他们参与到数字化工作中来。这 5 个团队将其从培训和工作开展中获得的经验反馈到培训材料中，然后使用新的培训材料，对另外 20 个业务团队进行数字化培训，再让这 20 个团队参与到数字化工作中来。通过这样的方式，上一轮接受培训的员工，成为下一轮培训新的团队的培训师，他们的数字化经验被不断传递，不断累积，快速地在整个企业中得到扩散。

在这样的模式下，敏捷能力被不断分配到新加入的数字化队伍中去。与此同时，充分利用员工的主观能动性，以内部孵化的方式不断培养出新的数字化人才。和传统的人才培养方式相比，无论在人才培养的速度还是成本上，都有着更为积极的作用。

在数字化人才的内部孵化过程中，我们应该向那些已经完成转型，或从创业阶段就追求数字化的企业学习。除了谷歌和亚马逊等巨头，还包括例如 Spotify 这样的初创公司，他们有很多共同点，其中最重要的是，决策由数据驱动，而不再基于直觉和经验。因此，在内部培养数字化人才时，应该重点关注与之相应的能力，包括让员工从那些不完整的数据中建立假设，将其转化为不完善的产品，然后将这些不完善的产品放到市场上进行测试，快速地收集提炼客户反馈，再进行快速的概念迭代，并分析该款产品的前景。重点是，让员工不要畏惧数据不完整、假设和半成品，要有快速地调整和判断能力，以及面对不确定性或失败时足够的信心。例如，谷歌公司每年都要测试数千项创意，并在这过程中培育了容忍失败的文化，因为人们从失败中学到的往往是最多的。谷歌的数字化人才们并没有被一次次的失败所影响士气，在得到原型测试结果后，要么迅速地放弃，要么基于所收集的数据对其加以改进，快速迭代、快速决策。数字化人才在这样的过程中得到了快速的成长。

外部招聘并扩大团队

仅靠内部孵化的方式培养数字化人才，并不一定能满足数字化转型对速度的要求，因此，通过外部招聘寻找合适的人才，也是必不可少的。

传统企业在招聘数字化人才时会遇到一大困难。比如，数据科学家、物联网软件开发人员、用户体验设计专家、产品负责人（Product Owner）、敏捷专家（Scrum Master）等等，这些都是数字化领域的职位名称。这些职位的实际含义是什么，能驱动这些员工的因素是什么，这些人才所应具备的技能是什么？这些问题对于传统企业来说，都是需要深入了解的。

毫无疑问，这些人才都是数字化所需要的，而且合适的后备人才和传统职位相比，相对匮乏。那么，从哪里能找到他们，又怎样才能招聘到呢？

常规的招聘模式，例如通过人才招聘会，或者静等这些人才投来简历的方式，往往成功率十分有限。企业应该用一些新的方式进行数字化人才的招聘。

首先，利用振奋人心、意义非凡的工作来吸引他们。数字化人才拒绝的并不是知名大公司的名头本身，而是枯燥无味的职位描述，或者认为该工作不具有真正的挑战性。因此招聘人员需要讲述有趣的故事和激动人心的使命，激发数字化人才对未来工作的热情。优秀的候选人通常会被真实可信的价值观和有强大感召力的企业故事所吸引。

其次，在招聘的过程中，要对候选人充分重视。面试应由高层管理人员，甚至是 CEO 亲自来进行，辅以充满工作激情的人员陪同，以此吸引人才并打造企业的积极形象。

再次，企业必须至少和候选人一样努力证明自己具有光明前景，以对抗那些各项都名列前茅、富有吸引力的企业对人才的竞争。

最后，重视那些年轻的未来之星聚集的渠道，比如社交媒体和初创企业大会。要通过黑客马拉松、创业大赛、数字化行业展会和会议等寻找人才，比如消费电子展（CES）、颠覆三藩黑客松（Disrupt SF Hackathon）、西南偏南互动大会（SXSW Interactive）、硅谷创业节（Launch Festival）等，或者参与学术机构内部的竞赛，比如麻省理工学院黑客松（HackMIT）和加州大学伯克利分校的创业大赛等。

有潜力的数字化人才们往往喜欢雄心勃勃的项目和宏大的创意。他们会更希望重塑工业机器人及自动化领域的未来，而不仅仅是优化工厂中的生产流程。对于招聘人员来说，其实意味着工作描述方式的不同。为解决这类问题，招聘人员自己也应该融入数字社区中去，而不是把自己当成外星球的过客。这恰恰是很多人力资源部门会遇到的重大挑战。解决方案之一，是让专业代理机构或自由职业者参与进来，至少在早期起步阶段可以如此，与此同时，将经验丰富的数字化招聘人员确立为首要的招募对象。

如果企业在尝试了以上方法之后，仍然未能成功组建起数字化团队，那么可以采用收购的方式快速获取数字化人才，例如收购一家拥有所有必要数字化人才的初创企业。沃尔玛就是一个很突出的例子，2011 年斥资 3 亿美元收购了社交媒体公司 Kosmix，以快速满足自己在数字化人才方面的急迫需求。

既然找到数字化人才已经如此困难，那么留住他们就变得更为重要了。为他们安排的工作必须具有挑战性和未来导向，具有开放式的办公空间和怡人的工作地点——创造力总是与限制条件的数量成反比的。此外，还需为每个人提供全方位培训、一对一指导、密集的导师辅导和个人发展计划的讨论机会。

不过，倒不必认为所有数字化的空缺职位都只能由有经验的数字化人才填补。企业要学会向年轻人开放，招聘活动也应该比以往任何时候都更加看重潜力，而不只是过往的履历。此外，企业还要给内部的其他部门员工都提供机会来体验和学习数字化新技术，其中包括向人才提供自由的职业发展空间。例如，谷歌允许员拿出 20% 的工作时间做自己喜欢的项目，3M 公司也在几年前采用了类似的措施。

7.2　通过数字化的方式创造更大的人才价值

在数字化时代，除了关注推进数字化所必需的人才招聘和培养外，通过数字化的数据分析方法——人才高级分析方法——提升企业其他业务人才的价值，是数字化给企业的一大助力。

人才高级分析方法的价值

随着数字化的不断演进，人才高级分析的方法也变得更为系统。从整体而言，要将该方法融入企业中来，首先需要在理念上建立人才高级分析的概念，认同其可适用于人才价值的提升；其次是进行初步的应用、基于实际的用例，通过执行分析功能，测试人才价值提升的结果；最后是跨越鸿沟，将经过验证的方法固化下来，在制度和流程上确保将人才高级分析方法应用于企业内人才价值创造的方方面面。

在各企业的数字化进程中，我们发现人才高级分析方法可以从四大方面创造价值。

（1）提高员工生产力并增加收入：人才高级分析方法可以在人才筛选、入职、培训以及管理等各个环节上，确定最优组合，以此提高生产力和收入。

（2）提高重要岗位人才匹配的准确度和速度：通过扩充候选人才库的资源，客观采纳候选人的经验和能力证明，以及候选人匹配度结构性评分等方式，提高关键岗位的人才匹配度，并提升人才招募的速度。

（3）理解未来员工：通过对公共专业数据（如 LinkedIn）的数据

挖掘，在新兴数字化能力方面，找到更多具备顶尖技能的顶尖人才（如自动化、人工智能等）。

（4）提高各核心人力资源流程的效率和准确率：将人才高级分析纳入企业人才管理流程，升级业务流程与之相互融合；设计人力资源分析职能，并设计清晰的路线地图。

除此之外，人才高级分析方法对传统人力资源所关注的重点事项也都有所兼顾，如图7-2所示：

人才挽留
提前预判可能离职的员工，进行有针对性的挽留。同时找到流失的共性原因，在企业制度和流程上进行优化

员工编制规划
将企业战略转化为能力需求，并明确指出人员编制和技能与战略目标之间存在的差距

接班人计划
充分挖掘高潜力员工，保证企业中关键管理岗位的板凳深度和传承稳定性

人才搜寻
找到人才的"隐藏宝库"，具备足够细的颗粒度和有针对性的劳动力市场指引

绩效管理
优化绩效评估方法和绩效提高抓手，并通过结果的跟踪反馈实现闭环

人才遴选
将人才遴选标准与价值挂钩，创造多样化的招聘渠道，同时通过搜索自动化提高遴选效率

学习和发展
提升学习和发展的投资回报率（"习和发"），为员工量定做职业发展计划

员工入职
提供自动化流程和工具，确保员工在更短的时间内融入到企业中

图7-2　人才高级分析方法对传统人力资源的重点关注事项

如何获得成效

从我们的经验来看，人才高级分析方法通常以"三步法"的方式推进。

第一步，明确背景并整合数据。

首先，充分理解业务背景，明确企业的战略，尤其是在数字化转型时的目标，确保计划和人才需求之间达成一致。其次，提出假设条件，理清人力资源绩效的动因。然后，根据假设条件创建数据需求，采集相应的数据，并执行初步的数据诊断。

数据的采集可能会涉及四个范围：一是员工特征，包括人口学数据、心理测试、简历信息等员工的个人数据；二是员工环境，包括工作地点、轮班信息、工作要求和薪酬等；三是员工观感，包括组织健康指数、360 评价数据等；四是员工行为，包括员工的行事历程、电邮互动等。

例如，一家全球对冲基金在进行人才高级分析时，收集的数据来源包括了 HRIS、ATS、绩效管理等系统，以及外部数据源（如 LinkedIn）。数据收集之后，根据与绩效的一致性和相关性，对其中部分数据进行了融合和清洗，从而估算出最优的目标变量。

第二步，建立模型和"事实库"。

首先，根据目标和假设，建立预测模型，以理解影响绩效的主要原因。其次，通过离散回归分析的方式，理解员工行为中的主要趋势，以及员工中可能存在的小群体或小圈子的共性。然后，基于模型预测每位员工最可能的绩效表现。同时，建立互动式仪表盘，用于数据搜索，包括人力资源管理和业务用例。

同样以某家全球对冲基金为例，使用机器学习的技术对员工数据进行分析，寻找高绩效员工的行为原因。通过个人绩效分析发现，共有 10 个"反直觉"的因素与员工绩效高度相关，其中一个发现是，个人因素比集体因素对绩效的影响力更大。

第三步，制定战略，并将洞见转化为行动。

首先，对分析结果进行"回放"分析，充分挖掘其中的洞见，并根据分析结果，召开行动计划研讨会。其次，与人力主管和各事业部负责人一起，对未来的人才战略规划进行调整，并明确当下应该马上采取的行动措施。然后，重新审查关键流程，研讨在其中加入高级分析和数据建模的可能性。

回到该对冲基金的例子上来，他们通过与各事业部人员的访谈，深入讨论分析的结果，包括其中的成果和困惑，并以此定义行动计划和清单。根据分析讨论的结果，他们将人才招募的成功模式重新聚焦在 2~3 个原型上。同时，在人力资源管理流程模块中，加入清洗后的数据和预测模型，包括 HRIS 系统、人才搜寻和招聘流程等。通过采取这一系列举措，这家公司的人才绩效水平得到了显著的提升。

人才高级分析方法在企业中的应用案例

一家亚洲大型银行，旗下有 30 余家分行，8 000 多名员工。该银行面临组织机构重组挑战，希望在短期内快速找到高潜力员工，以便实现组织转型以引领公司发展。人才高级分析方法整合了全银行的人口学、绩效和组织机构数据，使用机器学习的方案，建立绩效预测模型，寻找员工绩效的主要动因、具备较高成功潜力的员工名单，并匹配适合该员工发挥和成功的岗位。方案应用后，该银行人员配备及招聘流程时间减少了 80%，分行的生产力与净收入增长率也都得到了明显的增长。

一家全球金融服务公司存在人才严重流失的问题，流失率高达 30%，该公司试图以提高待遇对员工加以挽留，仍无济于事。人才高级分析方法采用机器学习的工具，分析内部人力数据，建立预测模型，分析员工个人离职风险（比如某员工在未来 12 个月内离职风险为 65%），从而找到"高危人群"，以及公司层面的人才流失原因。该方法使总体流失率从 30% 下降到 15%，同时，公司节约了 2 000 万美元的人才挽留奖金，原因是由模型分析发现，奖金与流失之间并没有直接的关系。

一家专业服务公司，每年处理约 25 万份简历。该公司希望将招聘流程自动化，以便降低简历筛选流程的成本。通过机器学习系统和为该公司设计的算法模型发现了一个规律，即：排名前 5% 最有可能入职，而后 50% 最不可能入职。基于该发现，该公司设立了自动化的规则：前 5% 自动进入下一轮，后 50% 自动淘汰。于是，简历筛选效率大大提升，不仅将简历筛选量降低了 55%，同时也建立起了更高质量的人才库。该公司的投资回报率因此提高了 400%~500%——因为招聘官们可以专注于高价值决策领域。

7.3　建立敏捷组织

如果说人才的培养能让企业在数字化战争中拥有作战能力强的士兵，那么敏捷组织则能帮助企业通过先进的部队编制和作战方式充分发挥士兵们的作战力。为了更好地应对数字化时代的竞争和挑战，向敏捷组织转型在我们看来是企业数字化的必经之路。本节将从为何需要敏捷组织、敏捷组织具有哪些特点、如何设计和实施敏捷组织等方面展开讨论。

数字化转型需要敏捷组织

在当下的时代背景中，企业所处的环境与以往大不相同。从时代的特点来看，我们将其总结为"VUCA"，即动荡（Volatile）、无常（Uncertain）、复杂（Complex）和模糊（Ambiguous）。

"动荡"指的是环境变化的本质和频率都已经进入了一个新的高度，对企业来说，内部信息和决策在组织内流动和响应的速度无法跟上外部环境的变化；

"无常"指的是缺乏可预见性，总是会出现意外事件，对于企业来说，战略和组织必须在更短的周期内进行快速革新，而不能再维持现有 2~3 年一次的速率；

"复杂"指的是环境中的多个成分或变量会相互交织，从而组合成不同的情况，因此环境变得更为复杂，信息量铺天盖地，这也就意味着，企业的管理层和员工要充分理解外部环境，并制定适用于所有情况的规则，将变得更为困难；

"模糊"指的是现实变得更为朦胧，具体表现在事件的因果关系不那么明确，条件含义相互混淆，且很多事情的发生没有先例可循。对企业来说，世界变得模糊而未知，信息变得"沉默"，很难进行有针对性的安排，而决策又必须在短时间内完成。

在这样的时代特点中，传统的管理层级架构已经显得过时。若干年调整一次的组织架构将不再适用，而需要与战略一起进行快速革新；自上而下的计划和预算更容易失败，需要升级成更灵活的机制；相对于外部的复杂性而言，内部同样复杂；真实的洞察也并不沿着管理层级流动，而是在一个更广的范围内流动。

为了应对这个时代"VUCA"的特点和它给企业带来的困难，打造一个敏捷的组织，是让企业保持高竞争力和效率的制胜秘诀。

麦肯锡的研究表明，敏捷性与企业的增长和业绩有着明显的正相关性：组织健康指数最高的公司中，70%都具有很高的敏捷度，并且获得更高业绩的机会也是同行的2倍(见图7-3)。

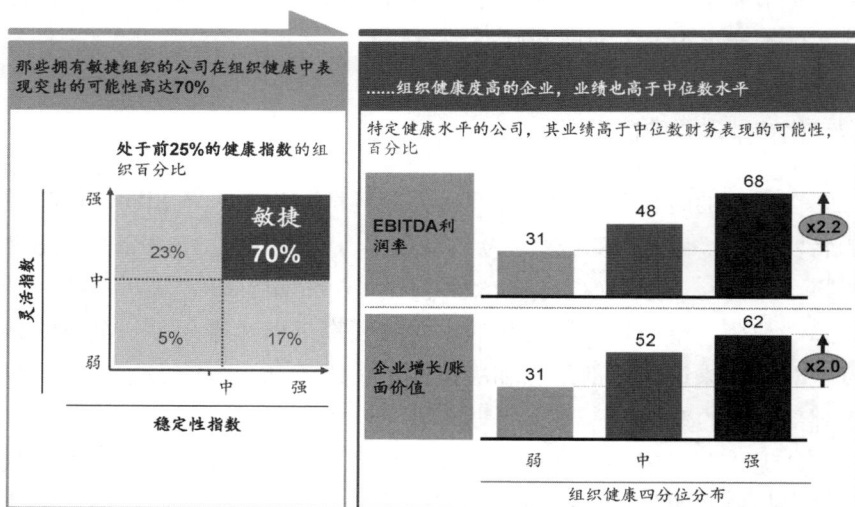

图 7-3　敏捷性与企业的增长和业绩有着明显的正相关性

从客户的视角来看，敏捷性意味着能提高该企业的跨部门协作及跨学科知识迁移，能推动快速、以客户为导向的决策流程，同时能通过灵活的资源配置，提升效率，将可用产能最大化。

对业界来说，敏捷性也并不是一个新概念。从1950年开始，早在互联网出现之前，就已经有了第一批敏捷组织的应用，即使是伟大的互联网企业的案例，也是基于这些先行者所探索得出的敏捷原则。进入新世纪后，随着互联网和科技公司的蓬勃发展，敏捷组织的应用趋势开始加速，这些企业纷纷使用数字化工具以提高可扩展性，并大量使用敏捷方法。2015年以后，随着客户成熟度的提升和渠道的多样化，敏捷组织从新兴行业推广到了传统行业，各个行业都开始逐渐应用适应自身的敏捷组织和方法（见图 7-4）。

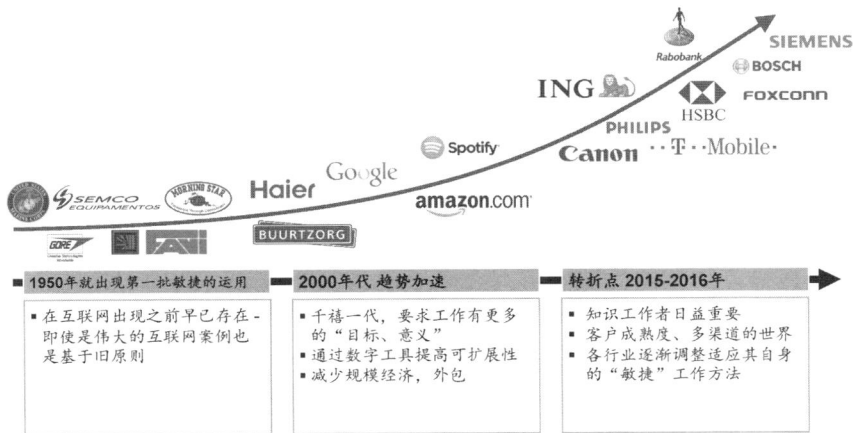

1950年就出现第一批敏捷的运用	2000年代 趋势加速	转折点 2015-2016年
■ 在互联网出现之前早已存在 - 即使是伟大的互联网案例也是基于旧原则	千禧一代，要求工作有更多的"目标、意义" 通过数字工具提高可扩展性 减少规模经济，外包	■ 知识工作者日益重要 ■ 客户成熟度、多渠道的世界 ■ 各行业逐渐调整适应其自身的"敏捷"工作方法

图 7-4　各个行业都开始逐渐应用适应自身的敏捷组织和方法

　　根据麦肯锡对全球 1 900 位知名企业主管的访谈，传统组织一般每两年就会进行一次痛苦的架构调整，但往往每 10 年才能完成一次成功的重组。有 80% 的受访高管表示曾参与企业组织架构的重新设计，但只有 23% 的高管认为重新设计是成功的。

　　然而对于做了敏捷组织的企业来说，既有灵动的组织架构，采用角色制而非职务制，以应对快速变化，同时对一线员工赋权，使其能够在环境变化时，根据实际情况做出快速的应对。因此，他们将不再需要采取离散的举措进行组织的重构，而是通过持续改善的方式保持前进的步伐。

什么是敏捷组织

　　敏捷代表的是对传统组织架构的一种根本性转变，它提供了一种完全不同的公司经营方式。麦肯锡对敏捷组织的定义是：能够以高成效的运营模式，快速灵活地适应环境，抓住机遇、创造价值，并凝聚员工能力的组织。

　　敏捷组织的核心特点是：刚柔相济——既要有稳定的基础，也要有动态的能力。传统观点上认为，一边是稳定、高效、完整的组织；

一边是动态、灵活、快速的组织，两者之间是非此即彼的关系，似乎如果选择了后者，则必将放弃前者的优势。实则不然，在真正建立敏捷组织时，我们能够做到两者兼顾。

一方面，我们要确保敏捷组织的稳定基础，包括流程、架构的稳定性以及文化的稳定性。通过清晰的组织边界和员工的职责范围，以精益高效的流程作为支撑；同时建立组织的共同目标和价值观作为精神支柱。

另一方面，敏捷组织需要有动态能力。所谓动态能力，指的是迅速应对不断变化的情况，并及时重新对目标进行优先排序的战略能力。动态能力的建设，在组织中可以通过自由流动变化，调整流程结构的方式来实现。

具体来说，敏捷组织应具备三大方面的要素。

（1）从架构上来看，稳定基础体现在高层团队设定的方向。组织架构应由稳定、简单的结构作为基础骨干架构，然后由高层团队讨论如何平衡职能部门及业务部门之间的目标。动态能力体现在骨干架构之外的支分架构通常由小模块单元组成，每个单元都具有明确的使命和自主的决策权，它们会围绕某一类具体的客户，或负责某个端到端的流程，既具有灵活性，又具有规模化的可能性。

（2）从流程上来看，稳定基础体现在核心流程上。核心流程是标准化、数字化的，以支持增值性活动为目标，其绩效和客户满意度完全透明。动态能力体现在核心流程之外的其他流程上。它们仅有方向性的指导方针，能灵动地进行重新配置，通过原型和实验的方式，不断改进工作方式，从而保持最优效率。

（3）从人员上来看，稳定基础体现在企业的价值观上。通过强大的共同文化和价值观，把全公司凝聚在一起，以问责制、主人翁意识和高标准作为核心价值观，并在人员招聘和制度考核的过程中同样关注价值观的匹配度。动态能力体现在赋予敬业度高的员工更大的权责和空间，通过他们强大的内驱力和激情，助推企业持续自我提升的文化。

当组织通过以上三方面的建设成为敏捷组织时，我们发现许多明显的变化。首先，组织从信奉指挥与控制，以及自上而下的工作方式的理念，转变为遵循分布式管控和重视同伴压力的理念。其次，组织从信奉预测能力，在僵化的计划中进行详细描述的习惯，转变为遵循共同的动态计划，对改变持开放的心态；再次，组织从保护其中大多数人免受压力和复杂事物干扰的方式，转变为让全部员工都承受一定程度的不确定性和压力，以保持灵活、动态的行事方式；另外，组织会从由总部管控信息，转变为让信息在整个组织中自由流动的状态。总结来说，组织会从一个看似完美的以"正确的代码"一直在运转的"机器"，变成一个"有机进化组织"，在这个组织内部，快速的协作无处不在。

位列世界十大特种部队之一的美国海军海豹突击队，是一个典型的敏捷组织。从架构上来看，海豹突击队员通常以若干人为一组，最多不超过 16 个人的作战排进行训练和执行任务，其中以 8 人以下的作战班最为普遍。一个工作单位的核心由狙击手、破坏者、沟通者、航海工程师、医护兵、领航员、驾驶者等角色组成。从流程上来看，他们利用海军的舰艇、潜艇和海上设施，可以在世界任何地方迅速部署；既可与其他美国特种作战部队协同作战，也可以独立行动。从人员上来看，每一个海豹突击队队员都经过严密系统的训练选拔，且配备最为先进的定制化武器和装备，具有世界顶尖的执行力。更重要的是，所有的队员都具有强烈的国家责任感、荣誉感和忠诚度。

全球最大的正版流媒体音乐服务平台瑞典的 Spotify 也是一个典型的例子。它的做法是将公司的业务分成若干个小块，其内部称这些小块为小组（squads），每个小组都相当于一支"攻守兼顾"的橄榄球队，或是一个单独的创业公司，作为公司最小的组织单位完全独立运行。整个公司总共有近 30 个小组，覆盖了 Spotify 在 3 个国家的近 250 名员工。每一个小组都会将自己的焦点放在某个特定功能上，负责不同设备平台上产品体验的某一特定部分（如搜索功能）。在流程上，Spotify 没有前期总体规划，而是通过持续集成和测试驱动开发，聚焦于终端产品的快速迭代冲刺，流程灵活，工作对所有人透明。在这样的模式下，Spotify 取得了令人瞩目的成就——从 2008 年上线，到 2015 年就已经拥有了超过 6 000 万的用户，其中 1 500 万为付费用户（见图 7-5）。

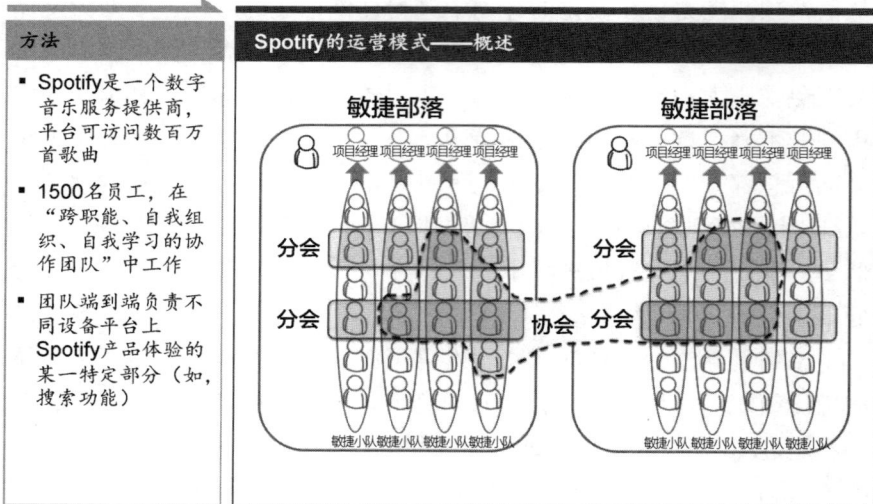

方法

- Spotify是一个数字音乐服务提供商，平台可访问数百万首歌曲

- 1500名员工，在"跨职能、自我组织、自我学习的协作团队"中工作

- 团队端到端负责不同设备平台上Spotify产品体验的某一特定部分（如，搜索功能）

Spotify的运营模式——概述

敏捷部落

敏捷部落

项目经理 项目经理 项目经理 项目经理

项目经理 项目经理 项目经理 项目经理

分会

分会

分会

协会 分会

敏捷小队 敏捷小队 敏捷小队 敏捷小队

敏捷小队 敏捷小队 敏捷小队 敏捷小队

图 7-5　Spotify 公司的运营模式

如何设计和实施敏捷组织

具体到日常工作中来，一个成熟的敏捷团队的工作方式一般会包括以下三部分。

（1）以清晰界定的团队和明确的使命作为起点。首先，建立一个跨职能团队，包括所有必要的利益相关部门和人员。一个团队最多12人，主要考虑到效率和责任共担的因素，确保无搭便车的行为。其次，建立端到端的责任制，明确团队将为哪些关键业务指标负责，以及需要进行哪些与指标相关的决策。最后，建立透明化的看板，清楚地展示业绩和指标目标的现状。

（2）运用敏捷的最佳实践。敏捷团队需要设置周会和每日的晨会，以建立团队成员间的信任，并通过同地协作或在线即时消息时刻保持互联，确保信息畅通。同时，通过开放式的360度反馈，让个人和团队在总结中得到成长。此外，还需要赋予团队更多的自主权，包括任务的目标期限、解决方案、工作重点排序等等。

（3）由稳定的基础架构给予支持。企业需要承担起敏捷团队强有力的后盾的角色，包括对团队进行敏捷方法和解决问题的方式等方面的培训，让团队具有更强的决策能力；在团队无法达成目标的情况下，进行辅导并参与协助推进；帮助团队借鉴其他敏捷团队的职能专长和最佳实践；以及提供高效的基础设施，如数字化工具、系统和平台等。

为了能让敏捷团队基于以上方式开展工作，企业在对敏捷组织和敏捷方法的初始设计时，应该遵循几个关键原则：一是围绕团队和个人，建立一个端到端的最终结果的问责制并将其固化；二是鼓励试验与原型开发，并定期跟进增长指标；三是将共同目标、价值观和期望行为具体化，并形成内在动机；四是建立敏捷的工作流程，包括定期进度汇报和可视化管理。

此外，在敏捷管理中也有一些成功经验值得借鉴。例如，组织架构围绕决策而设，而非围绕某个主题或职能部门；将决策权下放至最低层级，有助于快速而有效地做出决策；设置最低资格门槛；管理者将时间主要分配在决策和绩效管理，而非协调和信息共享上。

其实，很多企业的现有组织中已经存在着一定的敏捷元素，比如创新部门、战时办公室等等。挑战在于，如何将敏捷团队扩展到整个组织 10% 以上的架构之中。

在推进组织向敏捷化转型的过程中，并没有"一刀切"的万能办法。根据我们的经验，需要将自上而下的运营模式设计和自下而上的原型开发相结合。从自上而下的角度来说，需要通过建立统一的目标和文化，搭建起稳定的基础架构，作为支撑公司的关键流程与组成部分；从自下而上的角度来说，需要快速启动几个敏捷团队，从最关键的领域开始试点，运用新的工作方式，展示早期成果，不断完善经营模式，并以此为样例在组织内进行病毒式传播。除了这两方面外，还需要高层制定一个明确的指导性愿景、战略和宏大的目标，来开启敏捷旅程并保持步调。在这一点上，领导者的作用至关重要。

建立敏捷组织，对企业来说是根本性的变化，涉及对运营模式、工作方式及管理模式进行全方位整体变革而不是若干个举措。企业的管理者要学会放手，不要总是试图预测和控制该转型的最终状态，要允许在过程中出现不确定性。

敏捷组织案例

荷兰 ING 银行

荷兰的 ING 银行通过敏捷组织变革，将产品上线周期从每年 2~3 次缩短到每 2~3 周一次。据统计，员工效率提高了 30%，客户满意度（NPS）也大幅提升，客户参与程度提高了 20 分。

在组织方面，ING 银行以小组为单位推动变革。变革团队中没有特设管理人员，而是一个 9 人团队，即 squad 小分队，是公司内解决复杂问题的稳固支柱。这些小组是可以结构性地灵活组合的，负责在相应要求领域内发挥作用，快速达成客户要求。经过变革之后，ING 银行的组织架构从 6 个层级精简到 3 个层级，不再设立中层管理人员。决策方式从自上而下转变为向各个团队和产品负责人赋权，部门结构也从复杂的各自为政的状态转变为相互合作又各司其职的敏捷形态。

在流程方面，ING 银行建立了现状与愿景的定期对比机制，变革小组每季度撰写季度商业回顾报告，总结愿景、目标、短期计划，回顾上一季度表现，并基于季度业绩和回顾结果对各变革机制进行预算计划。同时，将精益原则定为工作模式的核心。每个产品小组仅参与项目中他们擅长的一部分，严格监测关键指标，确保产品质量、产品交付效率和员工的参与水平。经过变革之后，ING 的流程从"会议文化"转变成"产出文化"，以产出为导向，由各小组承担端到端责任，不再设立项目管理办公室，而是根据敏捷的方式进行管理。

在人员方面，ING 银行在招聘时更侧重于能力和文化两方面，在日常工作中更重视对员工职业能力的综合发展，同时设立敏捷导师，帮助小组维持绩效水平并成长为高绩效团队。

该公司的某位部门负责人是这样评价这次敏捷变革的："所有壁垒都被打破，每个人都以客户为中心，思考可以为客户提供的价值。我们共同努力，为客户创造真正的价值。"

中国某领先股份制银行

中国某领先股份制银行通过敏捷组织变革，依靠集中办公、授权优化、流程精简等抓手，将信用卡新产品开发周期从23周缩短至9周，不仅精确捕捉市场热点，迅速推出联名卡、定制卡等创新类信用卡产品，还通过建立敏捷项目组的方式，用仅仅8周时间就完成了横跨对公和零售板块10余个部门、涉及近20个核心系统的整体升级，涵盖了集团内多家公司协同的新业务模式设计、开发和实施落地。而如果以变革之前的工作方式来运作，估计花半年的时间都无法完成。

敏捷变革并不是"又一次组织架构的调整"。在该银行的敏捷转型中，有一些具有代表性的挑战和与之对应的成功之策值得分享。

一是持之以恒的决心。敏捷转型打破了该银行数十年来传统的工作方法和组织形态，在传统银行如此庞大的组织中，变革随时都面临着组织内部惯性思维的挑战，这种挑战可能来自银行高层中的保守派、职责发生被动变化的中层主管甚至是对敏捷工作方式有抵触的一线员工。银行领导层应充分意识到，由于这些阻力的存在，敏捷转型不是"闪电战"，而是"波浪式前进"的持久战，对任何形式的负面反弹应做到有预期、有预案。

二是高层的全局视角。树立高层领导的变革决心与推动及组织内领导方式的转变是转型的关键。在敏捷组织试点期间，该银行的高层领导们亲力亲为，高度关注，在初期破冰和取阶段性推广中起到了重要作用。

三是外部专业咨询团队的引入。外部咨询团队力量将带入不同于传统模式的新思维新理念，同时能有效地激活传统业务体系下的组织生态。对传统企业来说，如何引入并支持具有"敏捷"经验（如互联网背景）的"鲇鱼"式领导担任变革旗手，推动核心管理层转变传统层级观念、拥抱"服务型领导"文化，是将要面临的首要挑战。

四是对"种子选手"的培养。敏捷项目经理处于敏捷变革的核心，是转变组织形式、落实运作机制、渗透观念文化的先锋队。担任敏捷项目经理所需要的核心能力及互动模式则是传统企业管理人才十分欠缺并感到陌生的。引入外部敏捷教练，通过日常实践指导与方法工具培训，围绕行为观念、管理能力、工作机制乃至心理调适等维度，将一批敏捷项目经理培养成"种子选手"，是该银行敏捷变革成功的核心举措。

　　五是"敏捷"变革的形式。该银行通过实战演练、小步快跑不断总结调整试点形式，同时探索固化的方法，保证敏捷变革成功落地。针对复杂业务场景或庞大团队，明确待办事项及工作量后划分"子小组"分模块运作；具体人员的参与则根据需要在2~3类形式间切换，如参加每周展示总结、参加分模块每日例会、参加小组每日例会等。

　　六是对认知的纠偏。改变组织对于"敏捷"概念的偏颇认识是扩大、固化试点成果和不断迭代优化的前提。该银行许多参与试点实践的团队成员及核心高管对此感触颇深："我们很多人开始时对'敏捷'这个概念有误解，以为只是快，甚至可能为了快在某种程度上牺牲交付质量。"事实上，成功的敏捷变革需要基于"稳定性"与"灵活性"的结合与平衡，最终实现"运转严谨的机器"向"有机生命体"的转型。

怎么做？数字化转型的重要抓手：
文化和制度

管理学家彼得·德鲁克（Peter Drucker）曾说过："企业文化可以把战略当成早餐吃掉。"德鲁克并非不重视企业战略，而是以这样的比喻突出企业文化的重要性。在企业的数字化过程中，企业文化更是发挥着前所未有的作用：如果传统企业继续奉行原有的文化而不做任何改变，数字化转型会被原有的企业惯性拉回既定的轨道。

在第八章中，我们将探讨两大问题：

· 让企业文化变革扎根：我们如何通过文化变革巩固数字化转型的成果？如何重塑企业文化？

· OKR（目标与关键成功法）：适用于数字化转型的考核制度：OKR 与 KPI，哪个更适合数字化转型企业的考核制度，如何实施？

8.1 让企业文化变革扎根

能否推动企业文化的变革通常取决于企业的最高管理层。变革会在一系列维度上发生，包括从"我"到"我们"、从控制到信任、从指示到自治、从风险规避到风险承担、从完美主义到敢于试错、从"刚刚好就行"到"摘星揽月"。从我们对进行过组织转型的企业的统计中发现，1995 年到 2010 年间，有 70% 的变革项目都以失败告终。其中，有约 72% 的失败原因出自企业的"软件"部分，包括管理层的作为不利于变革，或员工抵制变革等，这些问题，恰恰是应该文化变革中重点解决的关键所在。

从传统的视角来看，我们在衡量企业的表现时，更多地以"硬件"为标准，即企业的业绩，比如企业从财务和运营方面为相关方实现了哪些利益，包括营业净收入、股东回报率、资本回报率等等，这也是企业战略的聚焦点。但在数字化时代，我们应将目光更多地投向阻碍企业变革的主要问题——"软件"上，即企业的健康度。我们所要关注的是：一个组织是否具有达成共识、高效执行和自我更新的能力，从而在一段时间内维持优秀的业绩表现。

为了实现企业健康度的提升，实施若干个离散的项目并不能起到

179

有效的作用，健康度是企业各方面共同作用的结果，包括业务、流程、组织、人员等等，只有通过统一的、结构化的、深入的文化变革，才能从根本上提升企业健康度，并让其在稳定的状态中得到良性的发展。

文化变革第一步：统一目标

我们运用"五步法"来实施文化变革。第一步，统一目标。明确哪些是企业需要重点关注的健康要素。第二步，认识差距。分析现有行为模式，审视企业是否做好了变革的准备。第三步，明确路径。设计具体的变革做法，建立影响模型。第四步，采取行动。将焦点放在管理过程上，启动变革的引擎。第五步，持续前进。通过领导团队，保持不断前进和优化的节奏。以下，我们将对这五个步骤进行详细的讨论。

第一步，统一目标。重点是建立组织健康的共同语言和衡量标准，选择支持目标与纠正错误的制胜要诀。

健康度包括两个维度，一是结果，二是做法。麦肯锡公司设计的组织健康诊断的问卷可以对这两个维度同时进行评估。经过评估，在结果方面，能够认识到企业目前的领导力、责任、发展方向、协调与管控、创新与学习、激励、能力、外部适应力、文化与环境这九大方面分别处于什么样的水平。在做法方面，则可以进一步对这九大方面的实施做法是否领先得到清晰的认识。

值得注意的是，虽然企业需要确保在每一维度上的排名都不要落在后四分之一，但也无须在所有方面的每个做法上都取得领先。健康的企业组织有着不同的形态，每一类型的健康组织的做法都是一套特定的组合。比如，以领导导向为特征的健康组织，会在职业发展、开放与信任、绩效考核、咨询式领导等作法上取得领先，思科公司是这种类型的典型代表。而以执行优势为特征的健康组织，会在知识分享、创意与开创性、个人责任感、公司价值观等做法上有一定的优势，埃克森美孚(Exxon Mobil)公司是这类组织的例子。因此，健康组织的形态并没有标准答案，需要根据自己成为数字化企业的定位和目标来选择适合自己的健康的标准，并在公司内达成共识。

在目标的设定上，企业需要在事实和直觉之间做好平衡，不在两者之间有所偏重。需要着眼于中期的未来，在短期与长期之间寻找最优点。还需要在设置目标时兼顾挑战性和可行性。

文化变革第二步：认识差距

这个阶段的重点是，充分认识现状，深入理解企业和员工行为背后的潜在心态和根本观念。有很多实用的工具可以提供帮助，比如 V-流程、深度访谈、数据分析等。

最强有力的成功转型，往往是通过转变潜在心态和根本观念来实现的。阿尔伯特·爱因斯坦（Albert Einstein）曾经说过："我们不能用造成问题时的同一水平的思维来解决问题。"这里的思维，就包括了潜在心态和根本观念。

什么是潜在心态和根本观念呢？举例而言，数字化转型中常常需要跨部门的合作，开发保持高度透明度，不同条线的同事同步推进，碰撞并找出新的解决办法。如某员工在工作时，常常不愿意寻求他人的帮助，每次都从零开始，同样地，他也不愿意把自己的知识分享给他人。这是我们所观察到的行为，如果直接从行为层面来看，我们应该建议这位员工，积极向他人寻求建议，积极分享自己的最佳做法。但这样的做法往往收效甚微。这是因为我们并没有真正了解这位员工做法背后的心态和观念。我们需要从根本观念的转变影响潜在心态的转变，最终实现行为的转变。

通过访谈和分析，我们认识到，他之所以不愿意寻求帮助和分享，是因为在潜在心态层面，他认为"分享知识是浪费时间"。再往下挖掘，我们发现他的根本观念是："如果我分享我知道的，我将会失去竞争优势。"也就是所谓的"稀缺导向"的观念——这才是我们在试图以文化变革来转变这类员工行为的重点所在。

我们应该做的，是让这位员工的观念向"盈余导向"转变——"通过分享我知道的，我扩大了自己的个人影响力。"然后，以此为基础转变他的潜在心态——"与他人分享知识既帮助了我也帮助了他人"。最后，自然而然地，员工的行为也会发生我们期望的转变。至此，我们完成了一个完整的"V–流程"的历程（见图 8-1）。

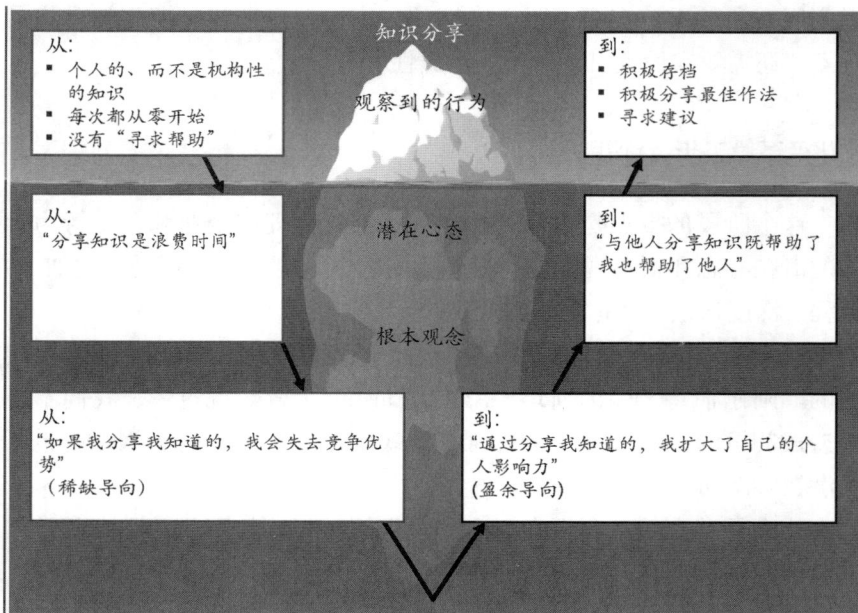

从：
- 个人的、而不是机构性的知识
- 每次都从零开始
- 没有"寻求帮助"

知识分享

观察到的行为

到：
- 积极存档
- 积极分享最佳作法
- 寻求建议

从：
"分享知识是浪费时间"

潜在心态

到：
"与他人分享知识既帮助了我也帮助了他人"

根本观念

从：
"如果我分享我知道的，我会失去竞争优势"
（稀缺导向）

到：
"通过分享我知道的，我扩大了自己的个人影响力"
（盈余导向）

图 8-1　"V–流程"示意图

在"V–流程"的框架下，具体到理解潜在心态和根本观念的步骤上来，我们需要其他工具的支持。虽然人与人之间的理解更像是一门艺术，但我们还是可以引入几种科学的方法。

第一种方法是定量数据分析。首先，通过使用来自培训材料、内网网站和过去几个月与同事的每周沟通的文本内容，创建该员工的数据文本。然后用几种方式进行数据分析，比如搜索文本，观察一个具体词语出现的次数，或在词语云或条形图中显示的频率；或是进行源文比较，分析两个不同来源的信息，找出共性和差异；还可以进行时间线可视化分析，匹配一段时间内改变的主题和模式，并用于找出随着时间变化，词语的改变频率。

以搜索文本为例，如果类似"客户""竞争"的词语的频率非常低，而与业绩、效率、增长和销售相关的词语很高，则说明这位员工的心态倾向于以内部为中心。如果与产品和增值服务相关的词语缺失，（"最佳""行业一流"和"卓越"等），则说明该员工想要"强推产品"

的心态可能存在。

第二种方法是深度访谈。通过使用有新意的方法，比如深入探讨例子、角色扮演、假设等等，从而系统回顾 V- 流程，发现潜在心态，并促使受访者意识到自己在造成事情现状的过程中所起的作用。

比如，我们可以在深入访谈时以角色扮演的方式问该员工：假设你处于某场景下，如何描述为什么你这样做？你对这一对话所担心的是什么？你担心如果表现不同别人会怎么想？

第三种方法是焦点小组拼图。我们可以让员工从很多图片中选择两个图像，一个代表现状，一个代表所期望的状态。图像的使用比提问准备好的问题更能带来诚实和本能的对话，避免了集体思考的困难，并可以让每个人的意见都浮现出来，以便于讨论。

通过以上的方法，我们可以对行为背后的潜在心态和根本观念有更深入的认识，从而帮企业在推动文化变革时更准确地认识到差距。

文化变革第三步：明确路径

当企业开始真正着手进行文化变革，明确变革的路径时，首先要关注的是对员工工作环境的改变。因为观念、心态和行为，与环境有着密切的关系。

具体的环境改变，需要适应于数字时代的企业文化，包括弹性工作时间、让团队感到放松的办公室景观、适用又有趣的技术设备等。数字化时代的办公室应该与员工一样是有弹性的。只有少数员工会一直坐在同一间办公室，在同一张桌子上工作。而大多数员工可以有时在家中办公，有时去拜访客户，有时甚至在另外的分支机构工作。而且无论员工何时进入办公室，都可以随意找一个空位子坐下开始办公。此外，办公室里还应设有咖啡间，以及可供各工作团队时常使用的标准会议室。如果需要安静的空间进行思考，还可以使用配备了舒适座椅的房间。当然，无论员工身在何处，他总能时刻在线并与公司网络保持连接。

广义的环境改变，可以通过"影响模型"来实现其对文化变革的推动。"影响模型"有四个关键要素：有效沟通、强化机制、能力培养和以身作则（见图 8-2）。

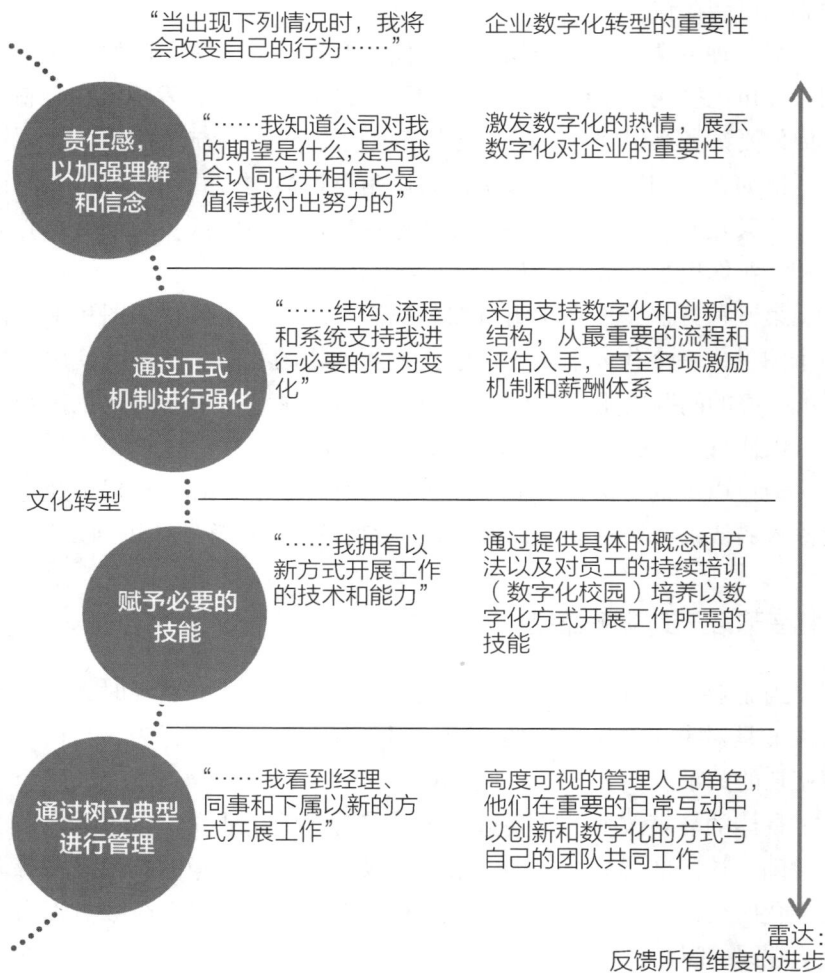

"当出现下列情况时，我将
会改变自己的行为……"

企业数字化转型的重要性

责任感，
以加强理解
和信念

"……我知道公司对我
的期望是什么，是否我
会认同它并相信它是
值得我付出努力的"

激发数字化的热情，展示
数字化对企业的重要性

通过正式
机制进行强化

"……结构、流程
和系统支持我进
行必要的行为变
化"

采用支持数字化和创新的
结构，从最重要的流程和
评估入手，直至各项激励
机制和薪酬体系

文化转型

赋予必要的
技能

"……我拥有以
新方式开展工作
的技术和能力"

通过提供具体的概念和方
法以及对员工的持续培训
（数字化校园）培养以数
字化方式开展工作所需的
技能

通过树立典型
进行管理

"……我看到经理、
同事和下属以新的方
式开展工作"

高度可视的管理人员角色，
他们在重要的日常互动中
以创新和数字化的方式与
自己的团队共同工作

雷达：
反馈所有维度的进步

图 8-2

第一，有效沟通。如果不能进行有效的内外部沟通，就不可能推
进企业文化变革，进而导致数字化转型的失败。这一点适用于所有企业，
但就数字化转型而言，沟通的重要性被提到了一个新的高度。沟通不
仅是指给员工发通知，还包括激励员工参与并投身于变革之中。只有
对原有的传统价值观进行彻底改造，这样的有效沟通才有可能实现。
有效沟通的结果，使员工们清楚地认识到："我知道公司对我的期待是什么，我完全同意并认为这是有意义的。"

在数字化时代，高效的新媒体为传统的沟通渠道提供了补充。让员工与管理层进行交流的全体员工大会、微信、Yammer、微博等取代了内部刊物或节日致辞。随着数字化的推进，信息发布的频率也在不断提高，信息不再是按计划的年度或季度发布，因为员工和外部相关各方都希望能够随时获得信息。与过去不同的是，良好的沟通在当今不再是单行道了。全体员工大会提供了员工和管理者进行沟通和讨论问题的机会，评论和回复可以发布在企业内部微信、Yammer，甚至是朋友圈或微博上。那些认为这一切不太合适的企业尚未真正进入数字世界，因为在数字世界，来自员工和外部人员的所有评论和批评都是触动改进的良机。

第二，强化机制。将目标行为转化为标准，采用支持数字化和创新的结构，从最重要的流程和评估入手，直至各项激励机制和薪酬体系等等，确保公司内部所有的机制，包括架构、流程和系统，都在进一步强化企业文化的调整。

以某企业在客户导向方面的文化变革为例，在架构上，建立了多个跨业务顾问小组，负责连接不同孤岛之间的客户体验；在制度上，将薪酬和其他奖励直接与客户合作和客户忠诚度指标相关联；在流程上，将客户指标和衡量标准加入所有关键业务流程中，包括规划预算、资本管理、战略规划和风险管理等流程。

第三，能力培养。通过提供具体的数字化概念和方法以及对员工的持续培训，帮助员工建立以数字化方式开展工作所需的技巧和能力。

同样以该客户导向方面的文化变革为例，该企业选择了以关键行为领导力作为其行为标准，包括客户导向、合作和战略思维相关的行为，并结合到培训和人员评估流程中。同时，通过360度反馈和"实战和论坛"培训，解决部门墙和孤岛问题。

第四，以身作则。当员工看到他周围的领导、同事和下级方式都在以新的方式开展工作时，他对于变革将很难再产生抵触的情绪。

在员工看来，企业管理者的真诚和信念非常重要。有些管理者让其他人起草自己的电子邮件或者将自己的任务委托给他人，这样既不能鼓舞人心，也不真诚。虽然并不是每个人都能像脸书创始人马克·扎克伯格（Mark Zuckerberg）一样发文，或者像风险投资家本·霍洛维茨（Ben Horowitz）、特斯拉老板埃隆·马斯克（Elon Musk）一样频繁地更新推文，但是今天的 CEO 至少应该对最新的社交媒体有信心，能够使用它们，最重要的是想要使用它们。以身作则地对员工起到激励作用。

除了利用社交媒体之外，企业领导人可以在其他很多方面以身作则。比如宝洁公司的 CEO 艾伦·雷富礼（Alan Lafley）曾花了 30 天时间在门店及客户家中与客户对话，起到了以新客户为中心的表率作用。安进公司（Amgen）的 CEO 凯文·沙尔特（Kevin Sharter）曾向企业最主要的 75 位员工提问"我应该如何做到与众不同"，并与之探讨其事业发展的空间，从领导角度充分展现了反馈型的企业文化。

再回到前文中客户导向的文化变革为例，企业的高管团队每月对客户指标进行评估，并花时间直接与用户进行接触。每个高管成员都亲自领导一项跨业务的以客户为中心的举措，并管理持续的业务举措，对期望文化建立示范作用。CEO 对于如何管理高管团队的方式也发生了显著转变，整个高管团队都向着共同工作的方式转变，并验证所有决策对于客户的影响。

通过以上四个方面，我们发现企业的内部环境会发生显著的改善，从而使员工的观念、心态和行为都产生积极的变化，企业的数字化转型也将在明确的路径上稳步推进。

文化变革第四步：采取行动

这一阶段的重点，是通过实际的行动产生能量。有两个基本工具可以帮助产生能量：一是项目架构和评估，二是健康举措设计。

为了确保转型的秩序、清晰度和一致性，我们通常将转型的项目架构分为三层。第一层是目标，回答"是什么"和"为什么"的问题。第二层是能力主题，即转型变革的支柱部分。第三层是具体的举措，将前两级转变为整个企业的现实可操作的具体举措，一般在几个月内需要完成。

举例而言，某空运行业的传统企业在进行转型时，第一层的目标设置为："成为一个真正优秀的公司——空运行业的世界领导者。"

第二层的能力主题分别是"安全""客户中心""商务能力"和"增长"。第三层的举措里,对应"安全"的有"卓越的危机管理""风险管理框架"和"成为环保领导者"等,对应"客户中心"的有"卓越的客户服务""解锁供应链价值"和"多品牌战略"等(见图8-3)。

图 8-3 转型的项目架构分层

对举措的实施效果,可以建立有效的评估机制,从四个方面来衡量成效。一是举措本身是否按时实现,是否在预算范围内,是否达到质量要求。二是关键健康指标是否达标,能否确保举措实现目标的成效(可通过调研和客户论坛等进行评估)。三是绩效是否取得进步,如收入、成本、现金流和风险等。四是企业价值或股东价值是否有整体提升。通过这四个角度的全面评估,组织能将因果衔接,并根据早期警示指标快速开展行动。

第二个工具:健康举措设计。此时我们需要在转型项目架构的第三层中,选择其中的某项举措,根据前文中讨论过的,企业在转型时所期望的观念、心态和行为的转变,以之为指导,针对如何使该举措提升企业健康度的目标,对举措进行设计改造。

例如,在讨论"理解客户"这一举措时,需要讨论到:我们应该停止做什么,应该开始做什么,应该改变哪些做法? 在何种程度上,对于每个与该举措相关的团队在规划和实施工作时是一个有用的流程?

为了评估这些健康举措的效果,可以定期进行脉搏调查。这是一个精简的调查工具,通过收集定量的数据评估健康度,总结公司在实现所期望的健康度方面的进展。

除了工具之外,变革的项目交付和推广模式上也有不同的选择。分别是线性交付、指数交付和爆炸式交付。线性交付是指项目按前后顺序逐个交付,指数交付是指项目以数量逐渐增加的节奏交付,爆炸式交付的方式是同时交付大量项目。

选择哪个交付模式,是由不同的项目参数决定的,包括部门的相似性、部门数量、时间紧迫性、变革骨干的数量等等。但就通常的经验来看,线性交付一般适用于单一产品组合、客户关系管理等;指数型交付一般适用于客户问题处理、员工授权等;而爆炸式交付则适用于客户沟通的最佳实践推广、电子商务等(见图 8-4)。

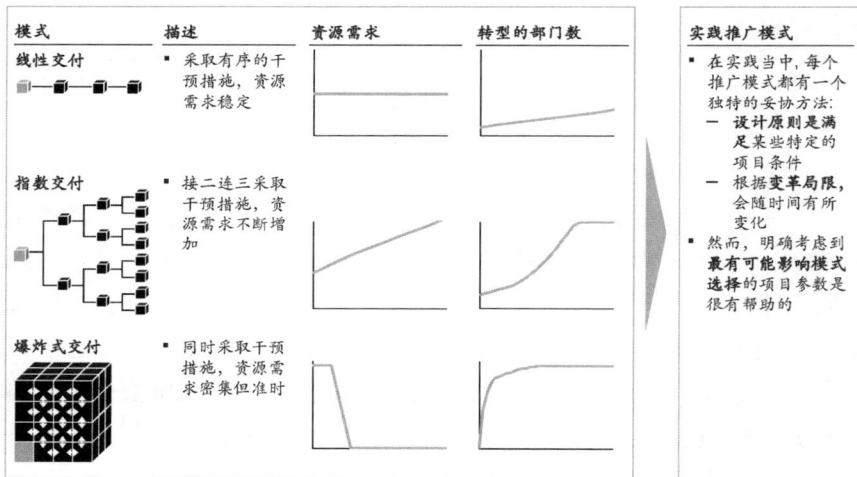

图 8-4　线性交付、指数交付和爆炸式交付适用范围

文化变革第五步: 持续前进

这一阶段的重点是打造让组织持续进步的能力和领导力。

企业的数字化变革是一个长期的过程,在文化、组织、绩效各方面的改进都不能只是昙花一现。在转型完成后,有两大因素必须确保能固化下来：一是推动持续改进的基础设施；二是培养能够持续推动变革的领导力。

基础设施包括推动健康与绩效同时持续改进流程、系统和人员。最佳的做法是，建立学习型组织，通过知识管理确保知识和最佳做法在整个组织共享，运用长期学习的方法建立并改进流程，同时运用专门的技能将重点一直放在持续改进上。

杰克·韦尔奇（Jack Welch）说过："组织的学习能力，以及将学习快速转化为行动的能力是组织的终极竞争优势。" 一个学习型组织能持续改进企业文化。在此过程中，无论是持续改进的流程和语言都需要系统化，包括观点生成、解决问题、知识和最佳做法共享等等。

领导力方面，需要企业的核心领导实现观念的转变，从个人开始，逐步推广到整个组织。以观念转变为例，从"认为有些人永远不会改变"转变成"相信别人的成长能力"，从"认为组织是机械的"转变成"认为组织是一个我可以影响的系统"。

系统化的观念转变可以从五个维度进行。①明确意义。思考幸福感、核心优势和使命，从自身优势基础上寻找令自己振奋的人生使命，从而产生希望并付诸行动。②调整视角。用新的方式看待问题，寻找更好的解决方案，建立自我意识，学习乐观的态度，尝试跳出局外。③建立关系。积极塑造社交人脉，增加个人归属感，增强包容性，提升影响变革的能力，加快个人成长。④积极参与。培养表达力和行动力，对自己的人生经历负责，不惧困难，寻找机会。⑤管理精力。学习精力恢复的方法，运用积极管理经验，在工作日实现最大"工作动力"。

在建立核心领导的过程中，可以利用学习原理来制定计划。该计划的特点是，直接与绩效改进挂钩，根植于一个量化的基础之上，通过实战加论坛的方式长期执行，由高层直接领导，并能适应不同的学习风格。

至此，文化变革的"五步法"——统一目标、认识差距、明确路径、采取行动、持续前进——都已经全部介绍完毕。放手去做吧！就像《星球大战》里绝地大师说的那样："要么去做，要么放手，没有尝试一说。"

8.2 OKR: 适用于数字化转型的考核制度

为了在数字化转型中实现数据驱动决策的目标，企业必须在所有职能部门都设定受持续监测的 KPI，以衡量订单、收入和利润以外的各项指标。例如欧莱雅集团的"20-50-100 计划"：到 2020 年，通过数字化渠道实现总收入的 20%，与现有 50% 的客户建立直接联系，并在自定义的"品牌热爱评分"中获得 100% 的支持率。这是一个清晰的、可衡量的成功指标。

然而，数字化的日常管理一般不关乎战略，相反，KPI 是为数字化流程而设定的。这些 KPI 应该满足以下两个标准：第一，尽量简单；第二，受考核的人员应有能力影响到该指标。在这两个标准指导下，从我们的经验来看，OKR（"目标与关键成果法"）是能帮助企业建立适用于数字化转型考核制度的新方法。

什么是 OKR

OKR 指的是在组织内部对目标和结果进行设定、沟通及落实的系统化方法。该方法始于 20 世纪 70 年代，由时任英特尔公司总裁安迪·格罗夫（Andrew Grove）首创，之后由 KPCB（凯鹏华盈）公司的风险投资专家约翰·杜尔（John Doerr）发扬光大，广泛应用于其投资的初创企业。1999 年，谷歌公司联合创始人 Larry Page（拉里·佩奇）、Sergey Brin（谢尔盖·布林）及创始团队，在谷歌创立仅一年时，就开始执行这一工具，并沿用至今。

顾名思义，OKR 的核心要素在于目标和关键成果。在目标方面，要求简洁、定性、具有可行性、尽可能地独立呈现，且对于最终将要成就的结果一目了然。在关键成果方面，要求可量化、可清晰评估、指标和具体产出有明确的实现方法，且目标是确保可以达成的。

一个标准 OKR 包含四大变量，即维度、维度目标、关键结果和结果目标。以某数字化新媒体企业为例，维度是企业的绩效，维度目标是提升订购业务的常规收入，关键结果是提升月度订购业务的份额，结果目标是将该月度订购业务的份额提升至 85%。再以某服务型数字化企业为例，维度是组织文化，维度目标是提升内部员工的参与度，关键结果是提升内部员工平均满意度评分，结果目标是每周平均满意度评分不低于 4.8。可以看出，这四个变量，尤其是其中的目标变量，与前文提到的 OKR 在核心要素上的要求是一致的。

OKR 与传统的 KPI 制度相比有着明显的不同。OKR 旨在形成一个总体的目标管理系统，而 KPI 更多关注的是规划和执行过程中的衡量指标。具体来说，OKR 是在某一目标背景下确立的，定位于增强团队间的统一协调，是由下至上产生的，并非公司高层的直接指令，而且其过程和结果均透明化，每个人都看得到。而 KPI 指标的制定不一定基于某个目标背景，也并没有强调组织统一协调的宗旨，通常是自上而下的分配，且不具有透明度。

另一方面，KPI 将成绩与薪酬直接挂钩，而 OKR 则弱化了这项联系。不过，虽然原则上 OKR 的使用与薪酬无关，但不可避免会出现一些例外，这取决于关键结果与激励薪酬之间是否挂钩。当关键结果与激励薪酬无关时，例如某主管的关键结果目标是"本季度进行 20 次面对面客户访谈"，这类关键结果是一个预期，而不是一项挑战性目标，不需要在岗位职能内实现，那么这个关键结果就不应该与薪酬挂钩。但如果关键结果是销售的目标是，比如某销售人员的目标是"本季度新增销售额达到 3 000 万元"时，我们可以将 OKR 与激励薪酬的一定比例相挂钩。这点与 KPI 的区别在于，OKR 是只是作为薪酬结构一部分的一项绩效指标，而不是一个总体的薪酬评级系统。

OKR 为组织带来的益处

从我们对应用 OKR 方法的企业进行经验总结时发现，OKR 确实能为组织带来益处。这些益处不仅适用于初创型的数字化企业，也适用于大型数字化公司，以及正在进行数字化转型的传统公司。

OKR 可以让业务更聚焦，在目标上重点关注业务结果，而非过程；可以让内部沟通更为清晰，通过透明化的方式帮助团队理解组织目标及优先事项以及每个个人的职责；可以让协作变得更顺畅，通过共相成功标准，使团队协作得到强化；可以让实现目标的纪律性更强，以规范化的方式确保力出一孔；可以让团队得到更大的自主权，有足够的自由度根据自身方法灵活调整；可以让员工们具有更强的主人翁意识，激励每个人都行动起来，为各自目标负责；也可以让目标设定得更有挑战性，鼓励团队成员们走出舒适区，重新思考如何工作。更重要的是，OKR 让组织变得更敏捷，支持快速调整，更好地适应变化，降低企业在面临数字化冲击时所要承担的风险。

Zygna 公司的 CEO 马克·平卡斯（Marc Pincus）是这样评论 OKR 的："我们全公司都'押宝'在这上面了，每个人都知道他们的 OKR。这是一个优秀而简单的组织原则，让团队成员持续关注三件头等大事——注意，可不是十件。"

Swipely 公司 CEO 安格斯·戴维斯（Angus Davis）也说："设计 OKR，可不是当成武器对付自己公司员工的。"他说，"这是一个可以鼓舞士气，团结协调大家合作的工具。提升透明度、问责制及授权度。"

OKR 的实施方法

OKR 可以通过三步走的方式实施，在过程中应确保公司的负责人和主要领导人的充分参与。

第一步，确定 OKR 的维度。OKR 通常需要设定 3~5 个维度，由企业的战略目标、数字化转型计划目标等决定，与公司的业务息息相关。常见的维度包括：品牌、技术与创新、业绩（业务、风险和运营）、客户体验、组织和文化等等。

第二步，修订维度和目标。由公司负责人组织，在公司内部对每个维度的目标展开辩论。确保维度和目标与公司整体的愿景目标相一致。

第三步，设定关键结果目标。我们可以将受众分组，每组 2~3 人，针对其中的一个维度，负责其关键结果和关键结果目标的讨论，结合实际的业务案例确保关键结果的质量。小组讨论结束后，将达成一致的关键结果汇总，在公司层面进行最终确认。

企业整体目标与 OKR 的目标的更新频率可以有所不同。一般来说，整个组织的目标可以每年制定一次，但 OKR 的目标和关键结果需要以季度的频率更新。通常从一月份开始，每三个月进行一次 OKR 的整体调整。至于其中的细节，可以更短的周期进行修订，如每月一次。

OKR 的应用案例——谷歌

谷歌公司是应用 OKR 方法的典型案例。约翰·杜尔是谷歌的早期投资人之一，在他的推动下，谷歌从创业初期就开始应用 OKR 体系。

谷歌公司的每个人，从高级管理层、部门负责人，直至员工个人，都需要设定自己的目标，这些目标被细分为至多衡量五个项目的多项关键结果。前文提到，这些目标和结果都是可量化的。例如，网页设计人员不能将自己的目标设定为"网站必须改进"，而是需要对改进的目标进行量化，如"网站建设速度提高 30%"。

这些目标的制定采用了自上而下的方式。部门管理者将自己的目标与公司目标连接起来，即使很多目标最终不会成为公司层面的关键成果，但至少确保其在方向上不存在冲突。同时，这些目标在设定时都会控制在具有一定挑战性的水平上。在 0~1 的打分机制中，最佳得分在 0.6~0.7 之间，这样既能让团队在每个季度都会觉得有进步的空间，也不会因为目标设定的过高而给团队过大的压力。

在谷歌，OKR 是公开透明的。谷歌的项目及其 OKR 的历史数据和打分数据，都会在内部的 MOMA 系统中公布，其中也包括 CEO 的情况。当然，公布的信息不会披露员工每月工作的具体情况，而是确保每个人都知道其他人正在进行什么样的项目。

以谷歌博客为例，具体的 OKR 是这样设定的。在产品收入维度的目标是："每周思考如何运营产品提升收入。"关键成果是："向每位用户发起一场博客服务赚钱的活动，只需一个按钮就可以将博客与广告业务相结合""发起三项提升收入的实验，研究哪些因素能提高收入增长""为博客广告网络完成产品需求文档及安全工程配置建设。"等等。这些 OKR 的目标会以季度为频率进行更新，同时在每个季度末进行评估打分。

除了谷歌之外，业界还有许多成功的数字化企业同样在使用 OKR

体系，比如 Spotify、Splunk 和 Slack 等等。OKR 具有广泛的适用性，在初创企业和大企业中均可应用，对各类企业的数字化转型都能提供帮助。

从 1 到 N，快速推广

最后，我们用一个实际案例来展示如何将数字化推广到整个企业。这是一家能源公用事业公司，CEO 计划用三年时间完成所有关键流程的数字化。

在数字化转型的第一步中，该能源供应商分析了自己最重要的流程，并且评估了数字化能够产生最大效益的环节。例如，生产方面数字化的目标是运用大数据调整供求曲线的平衡关系，这可并不是只考虑有了可再生能源导致供应出现波动这样简单的任务。在运输方面，一个关键领域是维护，而维护工作的效率可以通过预测性分析得到极大提高。另外，智能管道网络是优化配送的一个很好选择；在服务方面，现场工程师需要持续地使用地图、数据及所有必要的软件工具；在销售方面，数据分析和市场细分可以优化客户互动；其他应用还包括建立能够实时交易能源供给（包括来自第三方供应商的能源）的平台，以及自动化的后台部门。因此，对于这么丰富的选项需要分清优先次序（见图 8-5）。

为了实现这些预期目标，信息技术部门在每个阶段都面临着各种挑战——这恰好说明了对双速信息技术架构的需要。对于价值链中生产阶段能源供应的管理和收费，信息技术部门需要前所未有地融入业务流程，作为很多分散的能源生产企业的顾问和合作伙伴。在运输方面，信息技术部门需要确保标准化，虽然这是项常规任务，但也需要敏捷能力来智能地分析智能管道网络中传感器发来的数据，并且将其转化为现场工程师的行动步骤。接下来，这些现场工程师需要通过移

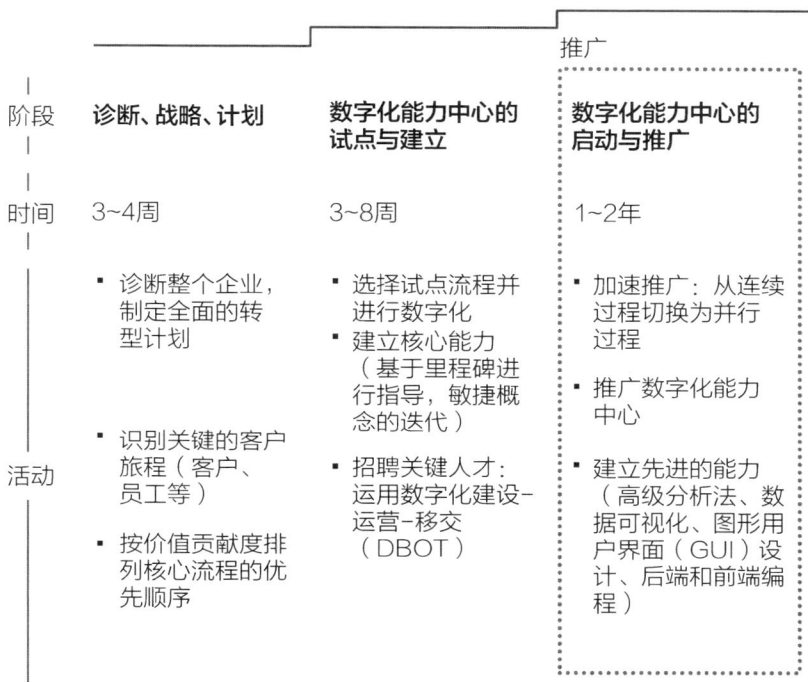

阶段	**诊断、战略、计划**	**数字化能力中心的试点与建立**	**数字化能力中心的启动与推广**
时间	3~4周	3~8周	1~2年
活动	▪ 诊断整个企业，制定全面的转型计划 ▪ 识别关键的客户旅程（客户、员工等） ▪ 按价值贡献度排列核心流程的优先顺序	▪ 选择试点流程并进行数字化 ▪ 建立核心能力（基于里程碑进行指导，敏捷概念的迭代） ▪ 招聘关键人才：运用数字化建设-运营-移交（DBOT）	▪ 加速推广：从连续过程切换为并行过程 ▪ 推广数字化能力中心 ▪ 建立先进的能力（高级分析法、数据可视化、图形用户界面（GUI）设计、后端和前端编程）

图 8-5　对数字化转型大力进行推广需要遵循清晰的诊断和计划

动应用程序实时地使用计划、数据和软件工具，再一次需要敏捷信息技术方法，并且基于云端解决方案进行更常规的工作。这些先进的手段最终目标是预测性维护，让设备在出错前得到维护，这就需要在机器管理方面注入新的思维模式。而企业越是利用用户友好型信息和建议与客户进行紧密沟通，相关的信息技术团队就必须更敏捷。只有在转型过程最后阶段的管理中，稳定的传统信息技术架构才能再一次起主导作用。

这家能源公用事业公司希望数字化转型能够带来下述五个方面的改进：

（1）安全性。转型团队希望开发出不需要变通或临时解决方案的高效流程，以确保转型过程中的所有相关方面都能一直在适当的环境中有正确的数据，从而从一开始就能制定出正确的决策，并且保护客户和员工不受风险的影响。

（2）可靠性。转型团队致力于开发出能够用于整个企业的共同标准和结构，并且建立起企业内有效沟通和合作的机制。

（3）客户满意度。客户能够得到快速有效的支持，而且通过易用的应用程序和软件，就能轻松地管理各项合同事宜，并能很方便地与公司沟通。

（4）合规性。严格遵守法律要求对于能源供应商来说格外重要，因为任何违规都有可能会造成很大的损失。因此，对于所有与安全相关的工作，都需要不断完善相应的控制和监控措施。

（5）经济性。需要采用有效的方法，来避免重复工作，并将解决方案应用于相邻领域，并确保精简流程在企业内有更多的人知晓。这实际上是在促使企业内部都能一致地使用这些有效方法。

从逻辑上来说，你只能改进能够衡量的事物，因此转型团队针对各个方面就要制定有意义的指标。例如，要基于工伤数量、能源断供、管道的损坏和生产事故对安全性进行评估；要通过每位客户的平均断供时间对可靠性进行评估；要基于知名市场调查机构的调查结果对客户满意度进行评估；要通过成本、收入和利润曲线对经济性进行评估。而为了评估合规性，转型团队只要简单地统计违规数量即可。这些例子展示了该公司如何设定既简单又富有洞察力的衡量指标，从而可以量化数字化的进展情况。

为了实现计划的改进，转型团队考察了各种可用的数字化技术，从面向客户的流程转型开始，其中很多在近几年已经发生了变化。今天，客户可以通过智能手机进行支付，从在线论坛和博客上研究价格和服务，在社交媒体上投诉断供或过长的呼叫等待时间，向带有自动语音对话系统的数字助手（avatar）预约服务，通过短信检查自己的账户余额，使用智能仪表和类似 Nest 的智能家居系统管理自己的能源消费。如果能源企业运用所有可能的技术进行客户互动，那么就能将正常的客户支持成本降低 95%，同时还能向客户提供更好的服务。

所有对大型能源公用事业企业发起挑战的年轻竞争对手都表示，多数流程的确可以数字化。平均来说，他们的客户互动中有 90% 是数字化的，而在很多传统企业中却只有 20%。此外，在线客户支持的成本也要低得多，只有邮政通信成本的六分之一，呼叫中心支持的一半。而最重要的是，使用数字化渠道的客户有着更高的满意度，因为调查显示，76% 的客户对数字化沟通感到满意，而通过传统渠道进行联系的客户中只有 57% 感到满意。所有这些指标还只不过是一组被持续衡量的关键绩效指标中的一部分。

工具已在手，是时候行动了

既然我们已经制定了目标和指标，也准备好了工具，下一步就是实施了。该能源公用事业公司确定了启动转型的四个领域：与客户、供应商、现场工程师和管理有关的流程（见图 8-6）。

（1）客户。这家企业在客户旅程中识别了具有最大潜力的面向客户的流程。在整个价值链中都存在机会，将与客户的各个接触流程进行数字化，从而降低成本，同时改进服务。该企业还首先从生产着手，通过应用程序使得生产和供应绿色能源的客户能够及时了解到自己最新的销量。在运输和配送方面，企业可以安装数字化警报系统，实时向客户通知断供和生产瓶颈。在客户联系和服务方面，该企业可以给客户提供应用程序，让关键数据一目了然。

作为消费者仪表板，这一应用程序不仅向客户展示了其所消耗的能源数量、与以往消耗量的比较情况，而且还提供了节约能源的方法建议，比如在夜间非高峰时段使用洗衣机等。此类服务既向客户提供了真正的附加价值，同时通过在能源需求较低的时段特别制定非高峰时段价格，也鼓励客户在一天当中更好地平衡能源消耗。对于企业而言，可以使用数字助手和机器学习系统来协助，甚至取代呼叫中心，因为数字助手和机器学习系统能够回答大量的问题，并且对于比较棘手问题，可以将电话转接给相关的责任人员。该企业还能使用高级分析法来将数以百万计的客户数据点转化为详细的客户档案。家庭越智能化，其产生的数据也越多，意味着处理大数据的能力已经成为这家企业的重要核心能力。

目标领域	价值创造阶段	示例
客户流程	**运输与配送**	▪ 断供和瓶颈的实时信息
	销售与服务	▪ 显示消费、账单、支付、节省建议等内容的客户仪表板
	企业中心	▪ 运用机器学习系统、数字助手等对呼叫中心提供支持 ▪ 运用大数据和高级分析法来优化客户细分及客户旅程等
供应商流程	**生产**	▪ 交互式数字交易平台
	运输与配送	▪ 实时的中断通知
现场服务流程	**生产**	▪ 优化维护和服务（例如，用于维护及预测性维护的交互式计划工具） ▪ 知识管理（例如，技巧和诀窍的编纂）
	运输与配送	▪ 实时的团队管理和沟通 ▪ 团队的规划以及对团队负责人/监理人员的配置 ▪ 安全检查表
内部流程	**生产**	▪ 供需的实时预测
	运输与配送	▪ 对能源调度和并网激活的支持 ▪ 通过分析来识别盗窃和欺诈
	销售与服务	▪ 优化后的客户关系管理系统、带有分析功能和机器学习系统的交叉/向上销售 ▪ 催款通知的数字化

图 8-6　某能源供应商的很多流程都可以通过应用程序加以改进

（2）供应商。企业进行数字化的过程中涉及的第二个领域与面向供应商流程或供应商旅程有关。在生产方面，数字化是为过剩的供给提供数字化交易平台。在运输和配送方面，数字化是提供交付和中断方面的实时数据。在销售和客户联系方面，数字化是关于无纸化计费。

在管理方面，数字化是整合供应商和能源企业的数据。

（3）现场工程师。在生产方面，这家企业向现场工程师提供了包含安全性检查、预测性维护和维修技巧等内容的应用程序。在运输和配送方面，该企业开发了两个供平板电脑使用的应用程序。其中的第一个应用程序提供了实时的团队管理，使管理人员总能够查看到其团队工程师在哪里工作、正在解决什么问题，以及工作的进展情况。这一应用程序取得了巨大的成功，帮助工程师将自己的维修数量提高了50% 左右。而且，此应用程序是根据标准的敏捷开发实践开发的：程序的编程人员和后期用户可以在团队中持续进行对话，工程师在现场就能测试快速开发出的试用版本，并将测试的反馈信息迅速纳入到后续开发当中，所有这些特性都使这款应用程序非常有吸引力，它不仅容易使用，而且能够极大地提高生产率。第二个应用程序是补充性的，可以帮助调度人员对其服务团队和服务部署进行计划和准备，其开发方式与第一个应用程序相同。目前，这两个应用程序已经极大地提高了现场工程师的生产效率。

（4）管理。在价值链的生产阶段，这家企业开发了能够实时预测供需的应用程序。在运输与配送方面，还为客户服务顾问开发了能够显示客户服务需求的应用程序。通过这一程序，客户服务顾问可以获得他们需要的数据，来评估客户需求并向客户提供报价，此外还可以激活所要求的服务并进行计费，涵盖端到端的全部流程。

尽管该公司的数字化工作仍在继续，但是已经实现了切实的改善。在一家领先的市场调查机构所做的客户满意度排名榜中，该公司的排名仅在转型的第一年就上升了三位，而且收入也同比增长了20%，成果显著。

数字时代需要新的思维方式

数字化不仅仅涉及调整企业的结构，最重要的是，数字化事关建立新的思维方式：用团队取代层级，用网络取代独立的职能部门，速度优先于完美，向客户学习，而不再向客户说教。

数字时代需要新的思维方式。尽管对于每个人来说向过去的系统说再见并不容易，但这是必须的。正如我们在本书开头所述：数字化不是可选项，而是让企业得以生存的必选项。此外，数字化也为企业、团队以及作为员工或管理人员的你提供了难得的成长机遇。这体现在：将信息技术和大数据高级分析变成利器，解决痛点实现真正的价值；建立敏捷组织，重塑企业文化及机制；果断地切换到数字化运营系统、系统地激励各级管理人员发挥领导作用。

最后，企业的最高管理层必须要有目的地、长期地、系统地将数字化转型推广到整个企业。这就是我们试图揭示的企业数字化生存指南——Digital @ Scale。

企业管理者自测：怎么做？管理层自我评估的关键问题

按同意程度给出1（非常低）~5（非常高）的评分

		1 2 3 4 5
创建计划	**1** 我们是否制定了整个企业数字化的计划？	▪▪▪▪▪
	2 我们是否将客户放在变革的核心位置？	▪▪▪▪▪
	3 我们的组织结构是否能支持所需进行的变革？	▪▪▪▪▪
启动企业数字化	**4** 数字原住民往往只考虑几周而不是几年的事情 ——我们的企业敏捷性如何？	▪▪▪▪▪
	5 赢得市场成功 ——我们如何才能正确地衡量数字化的成功？	▪▪▪▪▪
	6 我们是否组建了既拥有数字化经验又具备行业洞察力的团队？	▪▪▪▪▪
大力推广数字化	**7** 我们是否迅速、有力地推广了系统的数字化转型？	▪▪▪▪▪
	8 我们的信息技术部门是否让业务运营变得更快捷？	▪▪▪▪▪
	9 我们是否与初创企业建立了有价值的合作关系？	▪▪▪▪▪
	10 我们如何让整个企业都实现数字化？我们是否已建立了消除顾虑的理念？	▪▪▪▪▪

图 8-7　创业管理的自测：怎么做？管理层自我评估的关键问题

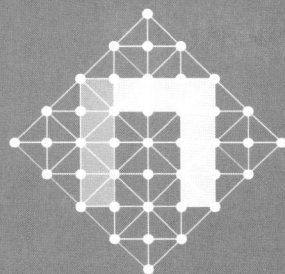

附　录

访谈一
中国乳制品业的数字化转型：
蒙牛总裁访谈录 [1]

在距离北京市中心 20 公里的通州工业开发区健康食品科技园，坐落着全球排名前 10、中国乳制品领军企业的蒙牛集团总部。一眼望去，与某些中国互联网公司引人注目的园区风格迥异，而蒙牛总裁卢敏放也坦承，中国乳制品行业一直以来饱受创新不足的争议。但是，在这栋看似寻常的总部大楼之中，却是一家正在快速向现代化转型的乳制品企业。

蒙牛的愿景是利用手中所掌握的全产业链大数据（可能超出其现有运算能力），推动传统乳制品行业步入现代化轨道，在数字化时代实现腾飞。这一愿景所涉及的规模极其庞大。蒙牛在中国有 58 座工厂 600 多条生产线，每年销售 120 多亿包牛奶。蒙牛 2016 年 8 月公布的数字化发展规划称，将利用最先进的人工智能技术把所掌握的海量数据转化为快速提升业务的抓手，实现从产品研发、制造、供应链到营销的全价值链创新升级。

2017 年"双 11"网购节，蒙牛的产品出现在了马云和李连杰合作的电影《功守道》之中。这是蒙牛延伸其品牌覆盖和品牌认知的一次试水，旨在将"坚守品质、重视创新"的理念触及中国年轻一代数字化消费者。另外，随着"一带一路"倡议的推进，蒙牛也在积极酝酿全球化布局，希望将自身打造成融入全球竞争的国际品牌。

2017 年 12 月，卢敏放在北京总部，与麦肯锡全球资深董事合伙人 Udo Kopka 展开对话，畅谈了蒙牛数字化转型的历程，以及他对科技如

---

1 本访谈由 Udo Kopka, Daniel Zipser 和许达仁完成，感谢编辑 Lois Bennett 和项目经理周嘉对本访谈的贡献。

何更好地满足中国消费者日渐增长的健康生活需求的理解。

麦肯锡：中国消费者需求和行为习惯的快速变化对蒙牛的整体业务有哪些影响？

卢敏放：我认为有三个显著变化对零售业影响巨大。第一个显而易见的变化是消费者的移动性高于以往任何时候。他们总是忙个不停，无论去哪儿都会随身带着手机。第二个变化是健康意识显著增强，这在男女老幼身上都看得到。人们更加重视健康的生活习惯、健康的产品以及能提升健康生活品质的东西。第三个变化是消费者的多样性日益突出，他们对产品和服务的个性化需求越来越强，就意味着需要把消费者细分为不同的小群体，进行差异化对待。

消费者行为的变化对零售业影响巨大，尤其是蒙牛这类典型的快消品行业。我们必须认真加以对待，分析它将如何影响商业模式、通路模式以及企业与消费者的沟通方式。过去，消费者去一趟超市买够一周甚至一个月的量，然后每周或每月重复购买，厂家的工作就这样轻松完成了。但消费者如今有了更多选择。当他们想喝什么或想吃什么的时候，就会就近到便利店购买，或者用手机 APP 购买，然后坐等送货上门。

麦肯锡：中国消费者现在的数字化意识高于以往任何时候，也比全球其他市场的消费者都要高。那么蒙牛是如何利用数字化技术来捕捉消费市场的新机遇呢？

卢敏放：归根结底，数据为王。以乳制品为例，你会看到从牧场到餐桌一条超长的供应链。从牧场甚至每头牛身上都可以收集数据。在供应链前端，在生产环节，我们掌握着大量数据。从物流看，我们有大量的新鲜牛奶运送到全国各地的工厂。在消费者端，顾客网购我们的产品、与我们在线交流，大量的消费者交易和互动数据也由此产生。

我们的整个业务链上均有数据可用，数据可以转化为对市场状况和企业经营的深刻认知。但最关键的是如何利用这些数据来支持业务活动的决策制定。技术的日新月异使得我们可以利用最先进的人工智能技术提升对这些数据的计算和分析能力。我们每年采集 400 万吨原奶，销售 120 多亿包牛奶，我们有 58 个工厂、600 多条生产线和 2 000 多种 SKU。坦率地说，只靠人工是无法完成所有数据分析的。

因此，我们目前启动了一系列重点项目，例如与阿里巴巴合作，利用人工智能分析供应链，告诉我们应当在哪里生产、应当在哪里采集原奶以及如何把这些产品送达客户手中，以最大限度地挖掘数据的价值。

麦肯锡：蒙牛在利用数据了解消费者方面采取了哪些举措呢？

卢敏放：我们正在大力建设自身能力，从庞大的数据库中提取消费者数据。我们的数据库中每月有 2 000 多万积极交流互动的消费者，我们准确知道他们是谁、他们的消费行为和与我们互动的方式。我们以此调整产品和配方，从而更好地满足其需求。

同时，消费者还能通过线上渠道、会员互动或者微社区，获取更多产品和服务。

有了数据，企业经营也更加透明。我们不再以月为单位，而是可以对第二天的情况做出预测。我们可以解读消费偏好——是喜欢高糖，还是低糖产品。这些数据还告诉我们，消费者喜欢去哪里，喜欢参与的娱乐项目和喜欢观看的影视节目是什么等等。

这一系列的数字化转型举措帮助我们创造了更多与消费者接触的机会点，同时也能让消费者更好地与我们互动。

麦肯锡：中国正在积极推动的"一带一路"倡议将给蒙牛打造全球化品牌带来哪些机遇？

卢敏放：我认为主要带来了业务扩张和当地支持这两方面的机遇。从业务扩张来看，坦率地说，现阶段蒙牛仍然是十分典型的中国企业。我们正在打入港澳地区以及新加坡、马来西亚、缅甸、孟加拉国等市场，这些市场有着巨大的商机。"一带一路"倡议帮助了类似蒙牛这样的中国快消品企业把业务扩张 到这些市场。中国政府和中资企业在出口机械设备和基础设施能力方面已经做得非常好，如今消费品企业也得到了很好的机会。

我之前考察过印度尼西亚，那里的市场前景广阔。在人口 1 500 万的首都雅加达，当地消费者喜欢我们的产品，我们也发现他们与中国消费者的偏好相同。所以，在雅加达测试的两款产品都取得了非常积极的市场反馈。

再如，在东南亚，冰淇淋是非常重要的品类，没有季节性，鲜奶产品也是如此，全年都可以进行销售，这与中国很不同，潜力非常好。

"一带一路"沿线的诸多市场与 20 年前的中国市场很相似，例如缅甸和孟加拉国，我们很了解这种市场环境下的消费者和品类发展趋势。

从获得当地支持来看，由于"一带一路"，中资企业在当地开展业务也受到欢迎。阿里巴巴进入了这些市场，京东、小米和 vivo 也相继进入。这是一套不同于以往的中资企业海外发展生态体系。

麦肯锡：蒙牛内部是否也在打造新的能力以适应新的要求？

卢敏放：这些大趋势对组织的思维模式、员工赋能和业务转化等各个方面都有着显著影响。

首先，组织的思维模式是最先改变的，从高管到一线员工。如果不创新、不改变，我们就会落后于人。

其次，我们必须授权给员工，并通过技术手段赋能，让他们能够采用新方式开展工作。因此，我们希望与更多的伙伴，比如阿里巴巴合作，将人工智能这些外部技术转化为内部生产力，把智慧制造引进来。我把这些称为赋能，赋予员工更完善、更先进的知识和经营不同部门业务的方式和方法。

最后，我们还必须回答一系列问题，即如何把所有这些转化为更好的业务成果、转化为更好的产品设计、转化为更高效的供应链和更严格的质量管理制度？

麦肯锡：所有这些变化和新科技如何影响 CEO 的角色？

卢敏放：我所面临的挑战是，作为企业领导，如何将领导的行为和公司的价值观巧妙地融入商业行动、商业规划和整体战略之中。

蒙牛恪守"诚信、创新、激情、开放"的价值观。首先，诚信是经商之本。其次，要保持创新，这是领导者达到全新境界的唯一路径。再次，要永葆变革激情。最后，领导者必须保持开放的心态。

麦肯锡：您怎么看待乳制品行业未来五到十年的前景？

卢敏放：乳制品行业一直都很平淡。大家对乳制品行业的印象是缺少创新、没有生气、与现代化的相关性不高。未来五年，我们必须紧跟市场的各种变化来发展业务，积极与消费者展开互动，为有差异化需求的各类消费者提供个性化、客制化的产品。

我希望蒙牛成为一家可以为乳制品行业带去更多活力、更多激情和更多快乐的公司。

麦肯锡：实现上述目标您认为需要采取哪些举措？

卢敏放：我们主要做好产品和品牌形象这两件事。首先，我希望让我们的产品更有趣、口味更新颖，从而吸引年轻人。我们如何才能给消费者提供更多营养以外的价值？我们必须带给他们快乐和兴奋，这是我希望先做好的事。

其次，让蒙牛的形象更加年轻化和时尚化。我们不能责怪消费者不喜欢我们的牛奶或包装。

一旦做好这两件事，我认为蒙牛就能成为消费者健康快乐生活的一分子，而不仅仅是一包静静等候在冰箱里的牛奶。

麦肯锡：市场营销显然十分重要。蒙牛近期与阿里巴巴展开了类似的合作？

卢敏放：说起来很有意思，因为《功守道》这部电影是阿里巴巴出品的，希望改变人们对中国功夫的印象，让它更生动、更有趣，并成为现代中国文化的一部分。他们想要把功夫重新带回到消费者面前。这就是这部电影的宗旨，而这正好与蒙牛希望做好的事产生共鸣。因为我们不仅仅是牛奶制造商，我们还希望成为人们生活的一部分。

说到与阿里巴巴的合作，我们在创新以及始终乐于尝试新鲜和不同的事物方面拥有一些非常重要的共同理念。阿里巴巴 10 年前曾经来蒙牛学习初创企业如何发展壮大，而 10 年后的今天成熟的传统企业需要向阿里巴巴取经，共商数字化时代成长之道。

麦肯锡：这正好说明了在中国一切变化有多么快！能否分享一下您在商界的最大成功和失败？

卢敏放：我总是乐于尝试新生事物。例如，蒙牛与阿里巴巴在人工智能、制造和供应链项目展开合作。我们在电商领域取得了成功，蒙牛一直是乳制品行业电商销售的冠军。当然，也遇到过一些波折，但是我并不称其为失败，因为可以从中借鉴和加以改进。正如我之前所说，其中一个波折是我们还未能把从制造端到消费者端这一复杂漫长的价值链上的各项活动实现全面的整合。我们仍然努力在做这件事，我认为未来这方面会做得更好。

看看今天的中国，一方面我们会感到十分兴奋，另一方面又会忧心忡忡，因为一切变化太快。我们认识到，我们的企业规模比较大，有组织、有布局，但是看看市场，我们也会发现一些规模很小但极富创新的公司进入行业中来。它们非常敏捷、快速成长，能快速做出决策，展现出很强的创业能力。作为一家成熟的大公司，我们深知必须学会将这些创新意识融入组织的方方面面。

卢敏放

蒙牛集团总裁兼执行董事

卢敏放先生，48 岁，于 2016 年 9 月委任为蒙牛集团总裁兼执行董事。

卢先生此前任蒙牛乳业控股的雅士利集团总裁。

在加入雅士利之前，卢先生曾担任达能早期生命营养品公司大中华区副总裁一职，已服务达能集团及多美滋婴儿食品有限公司超过 10 年。

加入达能集团前，卢先生曾在强生（中国）有限公司任职达 9 年，并在美国通用电气（中国）公司服务近 4 年。

卢先生在销售与市场领域拥有逾 18 年的经验，亦担任总经理或高层管理人员职务超过 7 年。具有丰富的快消品和乳业公司管理经验，对中国市场有充分理解和丰富知识。

卢先生毕业于复旦大学，获得学士学位。

访谈二
亚洲银行的数字化再造：
星展银行 CEO 访谈录[1]

星展银行是亚洲领先的金融服务集团，总部位于新加坡，也是新加坡上市公司。致力成为"新亚洲首选银行"的星展银行在亚洲发展迅速，数字化战略则是达成目标的必要手段。星展已经做好准备，积极拥抱科技，重新设计客户旅程，同时弘扬企业内部的创新文化。近日，星展银行首席执行官 Piyush Gupta 接受了麦肯锡全球资深董事合伙人 Joydeep Sengupta 的专访，谈及他自 2009 年上任以来面对的机遇和挑战、未来银行业前景，以及如何应对来自平台公司的冲击。

麦肯锡：是什么原因促使星展银行开展数字化转型？

Piyush Gupta：通讯、交通和零售业出现的新业态充分反映了人们交流、出行和消费方式早已今非昔比。银行业当然不能孤芳自赏、独善其身。可以说，银行业是数字化潜力最大的行业，可惜至今业内还未出现颠覆性的变革。我觉得这和人们的心理反应有关系，一谈到钱大家的心态就有些变化了，还有来自监管层的压力也造成了一定阻碍。

这两年资金都扎堆涌入金融科技公司，即便有这样那样的障碍，银行业也走到了一个临界点。传统银行都在绞尽脑汁思考到底要怎么去转型。在亚洲，尤其是在中国，这个难题尤为突出，阿里巴巴和腾讯这样的新公司冲劲十足，民生银行、平安银行和工商银行等传统银

1　感谢 Joydeep Sengupta 对本访谈的贡献。

行奋力追赶。早在 2013 年星展的董事会就已经达成共识即星展甚至整个行业都必将走上数字化道路。说真的，假如当时稍微犹豫一下错过了率先开展数字化转型的机会，星展可能根本走不下去。

麦肯锡：星展是否在数字化转型初期，就已经规划好了未来三到五年的发展？

Piyush Gupta：并不完全是这样，但我们果断采用了一些大家都在做的新技术，比如云计算和大数据分析。举个例子，星展的信用卡业务数据分析已经做了 25 年，但现在，有 on-us/off-us（发卡银行和收单银行不同或一致的时候，处理业务的数字化速记科技）以及在线数据，业务面一下子就开拓了。共享经济的特点就是生产者与消费者的角色互换和互替，星展也抓住了这个机会，不断思考如何与生态系统中的其他合作伙伴开展协作。

但是银行业数字化转型最大的推手其实是智能手机的普及。客户不再去网点、不找 ATM 机甚至连电脑都不需要，而是直接从口袋中拿出手机就能办理银行业务。理论上来说，银行实体可以消失，银行业服务则完全渗透到了生活的方方面面。

麦肯锡：您在多大程度上受到了新晋业者的启发呢？

Piyush Gupta：最初走上这条道路的时候，我们将自己和新兴金融科技公司以及初创公司对比，得出了一个结论，那就是我们真的要完全数字化，而不仅仅是涂上数字化"唇膏"。比如，我们把"消除纸质"变成了公司的一个目标，而且我们决心不仅仅是在前端添加各种数字化 App——这是比较容易做到的——我们还想要深入改造中后台。

像优步这样的公司能够从零构想业务流程，做到了端对端的完全数字化——这正是星展的战略。我们的技术框架要能够以应用程序接口为基础，并且与其他应用甚至开放资源实现整合。当然，银行原来的旧程序已经用了 30 年甚至 50 年，要下这么大的决心改革绝非易事。

　　星展做的第二件事是让员工自己体验并嵌入客户旅程。我个人觉得这远比数字化本身还要重要，因为这不仅仅是自动化这么简单。拿酒店行业打个比方，自动化改造已经进行了 20 多年，大部分酒店都具备了 SAP、Oracle 等系统，但是爱彼迎的出现完全颠覆了人们搜索住宿的客户旅程。这种思维很大程度改变了星展的产品内容和服务方式。

　　星展做的第三件事，可能也是最难的一件事，就是改造企业文化。现在我们的对手在车库诞生，他们敢想敢做，反应迅速，企业活力和驱动力都很独特。如果大型传统企业没有类似的企业文化，就不具备任何竞争力。星展一直都在思考：怎么建立一个两万名员工的初创企业？

　　麦肯锡：您为企业文化改革做了哪些工作？

　　Piyush Gupta：我的老东家曾经尝试建立一个独立的研发机构，投了几十亿美元，花了多年的精力，但几乎没什么研究成果，最后只好叫停。在我看来，最大的问题是员工缺乏主人翁意识，都是事不关己高高挂起，随随便便对公司评头论足，这样肯定不利于公司发展。员工态度消极是公司的根本性问题，把研发机构剥离出来也于事无补。虽然这次改制提高了公司利润率，但最根本的损益表和资产负债表问题却仍未解决。这一段经历告诉我，想要彻底打赢一场持久的改革攻坚战，必须正本清源。

　　说起来容易做起来难。星展在开始转型后的三到四年里一直保持着良好的势头和干劲。可以说，我们的业务核心正处于百花齐放的状态，从审计、合规、后台、呼叫中心到销售团队，每个人都在重新构思客户旅程，完善业务流程，促进数字化转型。通过全方位转型，星展做到了全员调动。

　　我们一开始只投入了两个 12~15 人的核心团队，现在我已经把它们合并起来了。这两支团队分别聚焦客户体验和创新，目标都是催化银行的创新氛围——通过员工培训、激励和具体落实计划等举措，激发银行内部对于"我们可以对客户进程做些什么"这个问题的思考。

现在看来，当时把客户体验和创新作为抓手是非常明智的。如果给予员工更多的自由去尝试新想法，明确告诉他们"有利于客户体验的努力都值得尝试"，那么员工就能放开思维，探索更多可能。

麦肯锡：您建立了什么机制开拓员工思路？

Piyush Gupta：星展当时最重视的是提高全公司的技术素养。在尝试了几个月后，学习小组反馈说正常授课模式效果不佳。不过他们很有想法，建议公司举办一系列创客活动，每支参赛队伍都由七八名星展员工和几名初创公司员工组成。大约二十支队伍参加了为期五天的比赛，其中一天用来学习人性化设计的技术和技能，剩下的三天左右时间要求团队借助初创公司的套件，共同编码设计应用软件。星展作为主办方提供床垫、乒乓球桌和无限量啤酒，每支队伍必须要在 72 小时内推出一款应用软件。

所有队伍在比赛最后一天向评审团汇报应用成果。大多数设计的软件都颇有创意，但是比赛的真正意义在于，通过这样的体验，员工可以充分认识到自己的潜力，发现自己真的有能力创造出一款应用。第一届比赛的参赛选手都是二十多岁的年轻人，到第三届时，公司已经吸纳了一部分四五十岁、甚至有些不大会用科技的员工。

比赛能够重新激发员工自信和自我肯定，让他们意识到自己潜力无限，能够创造实实在在的价值。星展认为，公司转型成功与否要看员工有没有得到足够的机会。如果公司非常重视为员工创造机会，那么企业文化转型就算开了个好头。2015 年，星展每一位员工的 KPI 之一就是要完成一项自己的尝试，全公司一共做成了 1 000 个新尝试，大部分高管也参与了进来。

我的直系下属大约有 300 人，今年他们的 KPI 里有一项"重新构思一段员工进程或客户进程"。同时星展还重新设计了很多银行网点，专门请了几个人类学家作为人性化设计实验室的顾问。银行大部分区域都从格子间改造为开放空间。员工可以随意起身、开个"敏捷会议"、在墙上贴便利贴，几个人凑一块儿就能开个简单的晨会。

《欧洲货币》杂志授予了星展"最佳数字银行"荣誉。有趣的是，这个决定并非因为星展优秀专业的数字银行应用，而是因为星展做到了全公司范围的数字化。2017 年，星展的呼叫中心人数从 700 减少至不到 500 人，但是我们的服务量却远超以往，通过数据分析和应用商店里的一系列工具，呼叫中心通过全新的处理方式对来电进行自动化和数字化处理。我们的 ATM 机在过去的利用率为 98%，这听起来不错，但这么多 ATM 机数量和每天数千笔的交易对银行是很大的负担。ATM 团队和外部数据专家合作设计了一种新算法，搭建了带有预防性维护和现金循环的新模式。2016 年，星展的 ATM 故障停机时间几乎可以忽略不计，开支减少了近两千万美元。这并非上级下达的指令，而是 ATM 团队自己想的办法。

麦肯锡：在改造内部核心的同时，星展也在不同市场建立了新的数字银行。和我们说说是怎么产生这个想法的吧？

Piyush Gupta：总体而言，星展所做的 90% 的数字化工作都围绕核心业务的转型。但是，自从有了移动银行之后，我们专门成立了一支独立的业务团队开发移动端应用。星展在中国、印度、印度尼西亚等多个人口庞大的国家都开展了零售银行业务，但却难以与当地银行大规模的实体网点竞争。许多外资零售银行都选择退出也是因为这个原因。而在星展看来，要想在不大规模投入实体网点的前提下批量获客，只有建立数字化分销。阿里巴巴的货币市场基金余额宝仅用了 7 个月就成功聚拢 1 000 亿美元资金，堪称经典案例。另外像荷兰 ING Direct 直销银行在德国和澳大利亚也取得了不俗的成绩。

同时，星展在新加坡和香港这样市场占有率较高的核心市场也要采取适当防御措施。正如星展强势开拓印度和中国市场一样，新兴竞争者带着他们的数字化解决方案进军星展的主要市场时也造成了不小影响。

所以，星展需要通过这支独立的团队打造纯粹的移动银行，完全做到无纸化和零网点。最初的试点定在了印度，根据执行效果选择进一步推广。从试点到现在 9 个月，共有逾 80 万新用户注册了星展移动银行，成绩不俗。星展认为成功的关键是采用了人工智能数字化身份识别技术，通过该技术，银行只要一个智能机器人就能处理所有用户咨询，大幅缩减了呼叫中心的规模。移动银行不发行支票或者支票本。除了可以在线上完成支付，还能进行借贷，完全实现无纸化。客户体验得以极大改善。根据测算，移动银行所需的人力仅为传统银行的10%，目前我们在25%的水平，希望可以再用一年或者一年半的时间完成10%的目标。

麦肯锡：您是如何说服董事会和高层与您统一战线的？

Piyush Gupta：这个问题很关键，多数CEO需要平衡短期成效和长期投资，短期经济效益可能会受到影响。星展董事会爽快地接受了这一方案，部分原因是2012年星展的一个收购计划失败，让董事会意识到收购不是想买就能买的。2014年，董事会签署规划，向数字化转型增拨2亿美元，并明确指示要"大干一场"，为将来打下成功的基础。

高层很快也表示支持。随后公司各方花了很多时间在银行发展方向和相应举措方面达成共识，明确了银行的发展目标：星展的使命、愿景以及如何产生影响。最后确定的发展目标有些非主流，叫作打造"愉悦的银行"。实现目标的关键一步就是迅速利用技术，开展数字化转型。有的研究报告提到，74%的银行客户宁可去看牙医也不愿去银行。因此，如果有谁能把银行体验变得更加愉悦，那真是做了件大好事。

麦肯锡：那您如何判断是否成功呢？

Piyush Gupta：首先，星展的主营业务收入大幅提高。全新设计的客户体验提高了用户黏性，加大了客户对星展业务的使用范围和程度。用户要的是买房买车，而不是房贷车贷。顺着这个思路，星展把房贷和车贷业务嵌入到买房买车的过程场景中，获得了更多业务，提升客户体验的重要性可见一斑。

其次，数字化的完全实现允许公司开发全新产品。比如几年前星展在亚洲推出了一套3秒转账的产品，跨境汇款量增加了五六倍，创造了7 500万美元的收入提升。此外，2015—2016年两年星展在国内市场的银行保险市场份额由 17% 翻番至 35%，主要归功于银保服务体验和流程的重新设计。另外，通过智能使用数据，星展的风险管控能力大幅提高，还创造了差异化的创收机遇。

我在讲到呼叫中心的时候，谈到了生产效率。随着数字化和无纸化的推进，星展计划两年内减少一半的网点柜员，改变客户取现的习惯。现在星展核心业务的成本收入比为 45%，五年内这个比例要有质的提升。另外纯粹移动银行业务的成本收入比要控制在 30%。

当然也有一些领域增收减支的成效并不明显，需要更长时间才能显现。针对这个情况星展提出了 ATE 衡量方法。A 代表获客（Acquisition），衡量有多少比例的新客是完全通过无纸化或数字化方式在线上获得的。T 代表交易（Trade），可以理解为直通式交易处理，计算无需人工参与的交易比例。E 代表参与（Engagement），这项指标最难衡量。一开始星展计划测算数字化增加了多少客户使用星展的时间、关注度和钱包份额。目前主要通过同一客户在数字化前后购买的产品数量差来衡量参与情况。

麦肯锡：您对星展将来的发展有什么担忧吗？

Piyush Gupta：在中国甚至整个亚洲，所谓的平台公司得到监管部门支持，发展迅猛，迅速入侵金融服务领域。这些平台公司不仅是主打科技文化的科技公司，还拥有规模 10 亿的庞大客户群，获客成本很低，且提供融资、放款、转账等几乎所有传统银行的服务。我认为大部分金融科技公司的获客成本很高，最终会选择和传统银行联手，但是平台公司就大不一样了。

麦肯锡：您认为银行有没有可能做出自己的平台公司？

Piyush Gupta：政府监管是银行面临的主要挑战。大部分国家允许银行开展的业务十分有限，主要也是因为银行本身只是托管人的身份。政府也是为了保护银行，但的确限制了银行的业务范畴。

与平台公司相比，星展在发展速度、技术水平和企业文化上还有不小差距。但事实是，技术每天都在革新，采用新技术的决定总是赶不上更新技术的出现——比如人工智能或是区块链——星展也逐渐意识到，我们可以自己来做。

对于区块链技术，我觉得还要一段时间才能落实一个公认的协议、积累足够的临界量和参与者。目前来看，辐射式系统很有可能转型为分布式系统。因此，企业的适应性、干劲、敏捷度以及员工是否具备创业家的素质等企业文化问题将是发展的关键。

Piyush Gupta

个人信息

1960 年 1 月 24 日出生于印度秘鲁特

教育背景

毕业于印度德里大学圣史蒂芬学院，获经济学（荣誉）文学士学位

毕业于阿默达巴德印度管理学院，获工商管理学硕士学位

职业经历

星展银行总裁和首席执行官

（2009 年至今）

花旗银行

印尼、马来西亚和新加坡区主管；新兴市场战略规划主管；

全球交易服务亚太区主管；东南亚、澳大利亚和新西兰首席执行官

（1982—2000 年，2001—2009 年）

其他信息

华盛顿特区国际金融协会执行委员会成员

美国亚洲协会理事会成员

新加坡标准、生产力与创新局副主席

新加坡银行金融协会和吴庆瑞博士奖学金董事

访谈三
重生与共生: 万科物业 CEO 访谈录 [1]

这是一家规模庞大且快速扩张中的物业综合服务公司, 在职员工人数超过 6 万名, 服务于中国 69 个大中城市的 394 万户家庭, 按每户平均 3.02 人计算超过 1 100 万人, 相当于一座超大型城市 (注: 1 000 万人口以上属于超大型城市)。同时, 这又是一家典型劳动密集型企业, 面临着人口红利逐渐消失, 劳动力成本快速增长的空前危机。设想一下你是这家公司的 CEO, 将如何突破发展瓶颈, 并且实现日常管理的精细、精准和高效?

不过, 对万科物业 CEO 朱保全来说, 这些根本不成其为问题。他只需掏出手机, 一切尽在掌握: "此时此刻, 全国万科物业有 28 213 名基层员工在现场上班, 昨晚 6 时到今早 9 时共接到业主报事 3 102 单。3 年前你问我万科物业的情况, 我能告诉你的是有多少小区和员工人数; 今天, 我可以具体告诉你每一个小区有多少保洁面积, 几点钟谁在哪座城市的哪个小区南门上岗, 每一个小区有多少设备, 状态如何, 以及物业费的收缴情况等等所有信息。" 事实上, 一个个实时跳动的数字指向的是一场利用互联网思维改造传统物业管理的变革, 也是朱保全利用新技术对 "笤帚 + 对讲机" 行业所做的数字化管理的努力。

如今, 朱保全每年拿出营业收入的 1.5% 给科技研发, 而去年万科物业的营收已突破 80 个亿。可以说, 如此大手笔投入在行业内是绝无仅有的。

"如果企业规模扩大 10 倍, 唯一的方法是利用数字化和新技术。" 在他看来, 数字技术运用好比给物业管理这辆老坦克插上了信息与智能天线, 推动了服务和管理手段的升级换代, 既创造了更好的客户体验,

---

1　感谢滕樱君和林琳对本访谈的贡献。

也节省了人工成本，提升了自身的管理效率。说起来，朱保全内心有很深的 IT 情结，"我刚毕业那阵，还写过代码呢。我的个人背景在很大程度上决定了万科物业数字化走了一条与众不同的路。

"2014 年，万科物业管理中心合伙人的人均服务面积是 26 万平方米，现在达到 55 万平方米。我相信，数字化变革是传统物业管理模式多维升级的必由路径。"2018 年 1 月 31 日在上海，朱保全与麦肯锡的滕樱君和林琳展开对话，畅谈了他是如何带领一家成熟的劳动密集型组织用 3 年时间完成了数字化涅槃重生，以及在这一过程中又是如何同步做了组织的改变以应对冲击和挑战。

麦肯锡：在过去高歌猛进的"黄金 20 年"，物业往往是房地产行业被忽略的后端，几乎没有人想过用科技赋能物业管理。能谈谈你当时走出这一步的想法吗？

朱保全：做出这一重要决策主要有两方面原因使然。一是物业服务在公司整体层面并不了解自己的客户。等我真正泡在项目上，才发现充其量只能说是个别员工了解个别业主，有很大经验和感觉的成分，而且了解的方式还停留在面聊和打电话上。二是预见到招工难带来的冲击。中国"00 后"和"10 后"适龄劳动力逐步减少的同时，万科物业每个月都有近 20 万平方米的新增量，再加上某些岗位对劳动力年龄的要求更年轻，因此物业行业提前遭遇用工难是个大概率事件。而要解决这两大矛盾，就必须把握好"技术红利"，通过技术提升岗位的价值，激发每一个员工的潜能。因此，我坚定地认为，物业行业的数字化转型是不可逆的趋势。我常说，数字化不做肯定是等死，做了也可能是找死，但找死总比等死强。

麦肯锡：我们看到这两年物业管理公司纷纷借力互联网新技术，试水各种新玩法。请你分享万科物业的做法有何不同。

朱保全：现在物业管理公司跟 O2O 挂钩的很多，常见的是开发个 APP 卖东西，主要做的是社区电子商务这块生意。万科物业走的路很不一样，我们在做一个连接、共生的数据平台，希望走通物业行业的优步模式，并且我们希望将搭建的数字化管理系统与其他企业共享、共生，这是我对数字化转型的理解。

但物业走这条路比优步难很多，我们做的事比优步更优步。优步的后台基础都已经标准化了，它连接了乘客和司机，但并不需要自己去修路、造车、定交规和培训司机。而物业管理还没有一个标准化的后台基础，就算同是万科的小区，使用的电梯也各不相同。所以我们得从最基础的工作开始，做一套标准化的编码系统。

我们这几年把万科在各地小区里的人、房和物做了一遍系统梳理，一一编码，这是一项浩大的工程，相当于整体重造了一个基础设施。现在，各地小区的设施设备都有了唯一识别的二维码，相关信息一应俱全。例如所有电梯的设备信息和位置信息，任何一间房屋的建筑面积、朝向、户型，内部所有的设施设备的情况等等。底层标准打好了，我们对每一个小区了解的精细度大大提高了，有多少干粉灭火器，多少电梯、路灯、垃圾桶，设备到现在一共做了多少次周期巡检等等，囊括所有信息。这个数据平台集四大属性于一体，任务平台：记录每一件小事；报事平台，人人都是监督者；管家平台：用信任构建连接；作业平台：让物业服务技能得到普及。这一套数字化管理系统建设实现了"四有"，即每个建筑有经纬度，每个设备有身份证，每个岗位有二级码，每个员工有经验值。现在，我们可以做到了解每一个物业项目，也了解每一个员工。

可以说，第一步我们完成了物业与人的数据记录，建立了记录的能力，第二步我们实现了物与人的连接，建立了连接的能力。这两项能力确保我们现在可以通过开放、共生的生态系统去寻求与更多企业的数字化合作。

麦肯锡：这些给客户带来了什么？

朱保全：这个问题必须回到物业服务的本质上来回答。做好物的打理，帮助业主资产保值增值，让业主体验到物业服务的美好，这应该是物业服务企业的本质。数字技术可以帮助我们更好地通过专业管理来做好不动产的养护和设施设备的维护，以及不断优化客户体验。

两年前我们开发了业主端 App "住这儿"，目的是为业主提供更有温度的物业服务。比如说，"住这儿"的"访客系统"功能可生成二维码，业主将其发送至访客手机，访客凭此进入，一举终结了保安的"哲学三问"：你是谁，从哪里来，到哪里去，且大大减少了社区出入口身份查验引发的纠纷。"随手拍"功能，当业主发现路灯有问题，可以拍照上传报事，系统对小区现场员工推送工单，员工在手机端"抢单"，按照系统的作业标准修理好之后，拍照以有图有真相的形式告知业主。这些给业主带来很好的体验。2017 年，万科物业业主报事线上化已超 8 成。我很欣慰的是，业主并不是只在报修时找我们，而是把我们当成了管家。我们评选出了 2017 年万科业主十大奇葩报事，比如 3 月 00:19 深圳业主报事"老公喝醉酒在车里睡着了，请帮我一起扛回去。" 6 月 07:48 北京业主报事"老婆和孩子都睡过头了，小孩上学要迟到了，麻烦帮我叫一下。"你可以发现，数字化工具使得业主对我们从"弱需求"向"强需求"转化了。

现在，我们对物业＋互联网有了新的认识，说到底无非就是两个二维码，一个告诉大家物业费都花哪了，一个告诉大家物业费以外的公共收入有哪些。现在万科业主可以通过"住这儿"扫描电梯里的二维码了解到这些信息。收支账算清，向业主公开、透明，这才真正做到以客户为中心。

麦肯锡：你认为数字化转型应该具备怎样的前提条件？

朱保全：组织的变革。简单说，就是从传统的线框式管理变成了合伙人制管理，抽掉中间层级，把组织扁平化。目前，在住宅物业服务物业板块，公司总部业务设置了一个住宅项目运营中心，分布在 67 个管理中心，每个管理中心由 5 至 7 名一线合伙人（来自过去的项目经理，但功能不同）组成。现在管理中心的人均服务面积达到 55 万平方米，两年前为 26 万平方米。管理效率提升显著。

物业行业长期以来依靠的是现场"人盯人、人管人"的多级监督来管理小区，但是一来这种模式下只要任何一个监督层级失效，就会导致小区的管理走样。二来随着规模扩大，优质的项目经理数量不一定同步跟得上。因此，我们把项目经理从小区中抽离出来，以一线合伙人的形式组成管理中心，实现一个管理中心管理多个项目。这样做的好处是减少了中间的监控成本和相应的管理成本。之所以能实现这样的变革，关键是基于此前花了几年时间铺设好的数字化管理系统，把项目、岗位、员工、设备都搬到了网上，连接了起来，每位合伙人可以通过系统对现场进行管理。

麦肯锡：回顾这几年的数字化转型，你觉得最大的挑战和阻力是什么？

朱保全：根本冲突是数字化转型属于敏捷开发，需要小步快跑、试错迭代，与传统服务企业不容有错和物业行业强考核不配套。新东西上线一定是不稳定的 Beta 版，但物业公司是要考核工单完成率的，两者之间就有冲突。

另外，职能部门传统管理思路跟不上业务创新的需求。我举个真实的例子，我们招的 IT 员工入职时要求按掌纹，人家原以为我们是一家高科技公司，这才发现还残留着传统企业的做法，虽然我们是万科总部里最早做 IT 的事业部。不过整体情况是向好的，现在万科物业的数据与信息中心中心做 IT 创新的产品经理有 300 名左右，每年我们从营业收入中拿出 1.5% 用于研发创新。

朱保全

万科集团高级副总裁兼物业事业部首席执行官

18 年万科一线及总部经历，拥有丰富的地产、物业实践经验，正带领万科集团的存量资产业务转型。

万科物业成立于 1990 年，业务范围涵盖住宅物业服务、商写物业服务、开发商服务、基于资产的服务、基于楼宇的服务和基于客户移动互联网终端的服务等六大板块。

万科物业始终坚持"安心、参与、信任、共生"的核心价值观，致力于让更多用户体验物业服务之美好。万科物业服务的资产价格已经超过 6 万亿元人民币，持续领跑行业。